自我培育

升职场能力和
□的有效方法

自分を育てる方法

［日］中竹竜二 著
曲天皓 译

SJ 北京时代华文书局

图书在版编目（CIP）数据

自我培育：提升职场能力和认知的有效方法 /（日）中竹竜二著；曲天皓译 . -- 北京：北京时代华文书局，2025. 9. -- ISBN 978-7-5699-5804-1

I. B848.4

中国国家版本馆 CIP 数据核字第 2024QP1808 号

北京市版权局著作权合同登记号 图字：01-2022-4123 号

自分を育てる方法
JIBUN WO SODATERU HOUHOU

Copyright © 2022 by Ryuji Nakatake

Illustrations © by Takahata Masao

Original Japanese edition published by Discover 21, Inc., Tokyo, Japan
Simplified Chinese edition is published by arrangement with Discover 21, Inc.
through Chengdu Teenyo Culture Communication Co.,Ltd.

ZIWO PEIYU:TISHENG ZHICHANG NENGLI HE RENZHI DE YOUXIAO FANGFA

出 版 人：陈　涛
选题策划：余荣才
责任编辑：余荣才
责任校对：陈冬梅
装帧设计：孙丽莉　王艾迪
责任印制：刘　银

出版发行：北京时代华文书局 http://www.bjsdsj.com.cn
　　　　　北京市东城区安定门外大街 138 号皇城国际大厦 A 座 8 层
　　　　　邮编：100011　电话：010-64263661　64261528

印　　刷：河北京平诚乾印刷有限公司
开　　本：880 mm×1230 mm 1/32　　成品尺寸：145 mm×210 mm
印　　张：6　　　　　　　　　　　　字　　数：95 千字
版　　次：2025 年 9 月第 1 版　　　　印　　次：2025 年 9 月第 1 次印刷
定　　价：38.00 元

版权所有，侵权必究
本书如有印刷、装订等质量问题，本社负责调换，电话：010-64267955。

前 言
深陷迷惘也应砥砺前行

您好，十分感谢您在茫茫书海中选读本书。

我是"骆驼竜二"，为企业管理者营造良好的成长环境、为想胜任领导一职的个人提供帮助，已有20个年头了。关于我的经历，感兴趣的读者可以在网页上搜索"中竹竜二"，这里不再赘述。

虽然我身为人类，但在本书中，我将化身为骆驼与您进行交流。之所以选择骆驼，原因之一是我长得很像骆驼（关于这点我很确信）。此外，我想，我的身份对于阅读本书的读者而言，也更像骆驼。

自我培育：提升职场能力和认知的有效方法

轻松上路！

我会陪伴着没有地图却在沙漠中艰难跋涉的您，并予以照应、支持。如果您口渴，我便带您去水量充沛的绿洲；如果您累了，我便用脊背载您前行。

我想，正在阅读此书的您可能正面临着以下困扰：

- 工作数载有余，对工作内容有一定的理解，事业小有所成，也有可靠的伙伴，但仍然缺乏信心。

前言 深陷迷惘也应砥砺前行

- 开始着手管理团队,经常被领导提示"要做好管理工作",但仍然不适应管理者角色。
- 公司业绩不稳定,感到自己的未来没有着落,想掌握一些在各种场合都对自己有帮助的能力和技巧,但是无从下手。
- 不知道自己的长处。
- 对自己在公司里的岗位职能不明确,身边也没有可以参考学习的对象,不知道自己该向哪一领域深入发展。

在上面罗列的困扰中,想必有一两条符合您眼下的情况吧。我再次重申,我创作本书的动机只有一个:我想成为处于迷惘中的您的领路人。

在与各种机构中形形色色的人接触时,我明显认识到:任何人都在憧憬着美好的未来,都想成为自信的人,都想尽可能地提升自我,都想成为对整个社会乃至对整个世界都有用且受欢迎的人。

自我培育：提升职场能力和认知的有效方法

我想，这是所有人发自内心的愿望。但是，心怀愿望却不知从何下手的人比比皆是。

对于如何提升自己，您毫无头绪，并不是因为您懒惰或能力不足。现代社会瞬息万变，工作方法及个人与公司的关系都迎来重大变革，所以才会令人迷惘。

以在一家公司工作到老为基石的终身雇佣制土崩瓦解，各家公司也都开始容许员工从事副业，公司不再是员工的永远的港湾。为此，个人为了不被时代抛弃，需要凭借自身的努力来改变现状。

身处这样的大环境中，人们往往会找不到方向、陷入不安之中。但是，您不能因此而裹足不前。已经兴起的变革无法停下，我们只能拥抱变化，寻找新的出路。

也许，正是在这样的时代，人们才可以更容易地、真正意义上地获得幸福。对此，我的心中充满希望。

本书向大家介绍的"自我培育"，顾名思义，就是自己培育自己，就是不论风吹日晒，都能培育自己不迷失方向。

前言　深陷迷惘也应砥砺前行

不论经历什么变化，都能培育自己，按自己的步调行走、奔跑，也能根据自身的想法暂时驻足。

在充满变革、没有标准答案的时代，我仍充满希望，认为凡是能承认自身的缺点、接受他人的帮助、充满韧性的人，都能够心安理得地生活下去。即使全社会都需要时间来接受这一事实，但我认为，一个个性更加熠熠生辉的时代即将来临。

遗憾的是，学校和工作单位并不会向人们传授自我培育的方法。显然，公司的目标是令企业存续繁荣，没法兼顾每个人的目标。而领导和前辈们自然也没有掌握自我培育的方法。因为他们是在没有自我培育能力也能生存的时代成长起来的。甚至可以说完全相反，他们是秉承着"放弃思考个人前途"的价值观成长起来的一代。但是，这些前辈也对自己应不应该安于现状感到困惑。那么，应该怎么做呢？

请不要担心。我来帮助您进行自我培育。

本书将尽可能简明地向您介绍我在企业领导力培养及团队建设经历中总结的进行自我培育的方法。概括来说，就是着重

自我培育：提升职场能力和认知的有效方法

培育三方面的能力：

了解自己的能力（自我认知）；

引导自己的能力（自主性）；

支持自己的能力（自我认可）。

本书针对这三种能力逐一讲解。

我在前面之所以提出了很多问题，是因为我认为，会提问才能教好人。对此，您不必急于得到答案。本书以循序渐进的方式进行讲解，所以您无须急躁。

接下来，我们一道踏上自我培育之旅吧。

目 录

| 第一章 | 做真正的自己 |

第 1 节　如果您努力进取但仍不自信，就请试一试 / 003

第 2 节　自我培育必须具备的三大能力 / 008

第 3 节　养成自我培育能力的理由之一：
　　　　不能做真正想做的事，何其可惜！ / 012

第 4 节　养成自我培育能力的理由之二：
　　　　培育自己的只有自己 / 015

第 5 节　养成自我培育能力的理由之三：
　　　　养成与众不同的自我风格 / 018

第 6 节　自我培育并没有唯一的正解，正如人生 / 020

第二章 自我培育第1课：培育了解自己的能力

第1节　内在自我认知之一：明白自己的喜好 / **026**

第2节　内在自我认知之二：知晓自己的缺点 / **037**

第3节　外在自我认知：充分获取他人的看法 / **047**

第4节　不同人眼中的您也大不相同 / **065**

本章总结 / **069**

第三章 自我培育第2课：培育引导自己的能力

第1节　想象未来的自己 / **075**

第2节　思考对自己的期望 / **080**

第3节　对未来成功的自己进行模拟采访 / **083**

第4节　每天可以多次重启计划 / **086**

第5节　顺其自然也无妨 / **088**

第 6 节　未来不辉煌也不必纠结 / 090

第 7 节　尝试时间穿越 / 092

本章总结 / 095

| 第四章 | 自我培育第3课：
培育支持自己的能力 |

第 1 节　接纳自己，认可自己 / 099

第 2 节　自我认可第一阶段：存在认可

　　　　对今天的自己说"早上好" / 102

第 3 节　自我认可第二阶段：行为认可

　　　　回顾行为和成果 / 109

第 4 节　自我认可第三阶段：成果认可

　　　　给自己打个对号 / 116

第 5 节　自我认可第四阶段：成长认可

　　　　人永远在成长 / 122

本章总结 / 127

| 第五章 | 自我培育的土壤：
培育持续学习的能力 |

第 1 节　在自我轴与他人轴之间往复成长 / 133
第 2 节　学会"放弃学习" / 137

| 第六章 | 从束缚中解放：
养成自我培育意识的8个要点 |

第 1 节　告别"石上三年"的桎梏 / 143
第 2 节　写给没有远大目标的"万花筒式"的您 / 148
第 3 节　"厚积薄发"的真正意义 / 153
第 4 节　为目标而焦虑时的3个建议 / 158
第 5 节　在大企业获得晋升的路径 / 162
第 6 节　舒适感是转折的预兆 / 166
第 7 节　不必事事追求成功 / 169
第 8 节　放弃对自己的过度期望 / 173

结语　被人嘲笑，一笑而过，然后成长 / 177

第一章

做真正的自己

什么是自我培育力?

　　自我培育力,就是对自己进行培育的能力。不再止步于完成他人给予的目标,而是寻找自己的目标,并朝着这个目标迈进。

　　"自己是什么样的人?喜欢什么?擅长什么?"用理性的眼光审视这些问题,然后保持良好的心态,在力所能及的范围内发挥自己的能力。

　　在这个没有绝对正确答案的时代,保持韧性生存的心态,就是自我培育。

第 1 节

如果您努力进取但仍不自信，
就请试一试

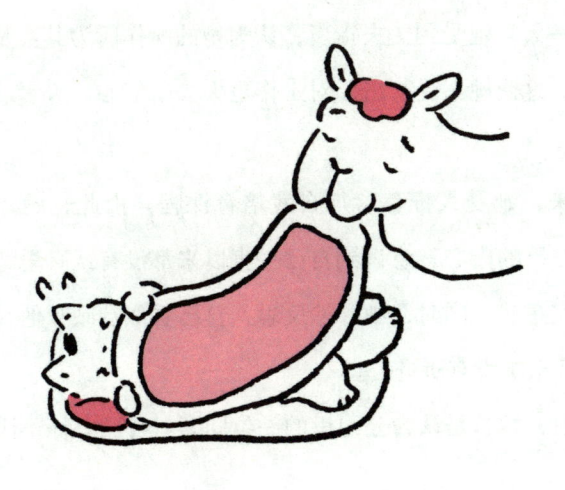

自我培育：提升职场能力和认知的有效方法

在具体介绍"自我培育"这一概念之前，笔者想先介绍几个因进行自我培育而获得成长的案例（文中人物均为化名）。

◎ **案例1　正视自我，重拾信心**

加奈女士从事服装行业工作，为人温厚和善，是大家眼中的老好人。她全身心投入工作，服务团队、服务公司，以他人的需求为先。

有一天，她受到丈夫指责，认为她的所作所为其实是在依赖他人。这使她大受打击，对工作也失去了信心，夫妻二人因此分居。

后来，她受人推荐参加自我培育课程。由此，她才第一次正视自己的内心，意识到自己一直以来都没有认真思考过自己的真实想法。同时，她开始反思：自己看似在倾听他人的声音，其实根本没有听进去。

以前，她总是认为公司里的一位同事对自己心怀不满。参

第一章 做真正的自己

加自我培育课程后,她迅速改善自己与这位同事之间的关系。当他人对自己提意见时,她能够鼓起勇气询问对方提意见的理由,并能够理解他人的想法。

她不再认为,一个人坚持自己的目标和梦想就是任性自私,也敢于告诉他人自己的梦想是成为独当一面的手工艺师。她不再为过去所束缚,变得敢于追求所想、拥抱所爱,整个人都变得熠熠生辉起来。

在她的一系列积极变化的影响下,丈夫与她重修旧好,两人的生活重归正轨。

◎ **案例2　发现自我,事半功倍**

玲子女士是某大型医疗器械企业的经理。一位与我一同担任自我培育课程的女讲师告诉我,玲子参加课程前后的服装及化妆风格发生了巨大变化。

玲子首次参加课程时穿着严肃的深色商务套装,后来她的服装逐渐转变为配色柔和靓丽的时尚装。

女讲师询问玲子改变穿着的理由,玲子回答道:"我刚刚意识到,我在自己心中的形象与他人对我的第一印象之间存在很大的差异。我想消除这个差异。"

可见,玲子希望自己变得更有亲和力,并着意改变自己的外在形象。

同时,玲子也改变了与部下相处的方式。她见到我后笑着对我说:"从前,工作都由我一手包办,现在我敢于放手了,尽量让部下来干。"

◎ 案例3　接纳自我,笑傲职场

身为单身母亲的大井女士在四国岛地区的一家中小企业工作。她参加自我培育课程后,很快就从"总想让他人看到自己的能力非常强——远超自己的实际能力,并因此与他人竞争,内心也因此而焦虑不已"中跳出来,敢于承认"不懂就是不

第一章 做真正的自己

懂",也敢于向他人寻求必要的帮助。

大井女士还将参加自我培育课程的成果与同事们分享,并引起上司的关注,后来被破格提拔为部门经理。

大井女士曾经是一位不愿示弱的"孤狼",如今已被委以培养团队的重任。上司对她建设团队的能力予以充分信任,这令她非常开心。

看了这些案例,您有何感想呢?

案例中的几位主角都是我们自我培育课程的学员,都是普通人,虽然平时都很努力,但都曾对自己缺乏信心。

我想,对此您应该也有同感。

第 2 节

自我培育必须具备的三大能力

第一章 做真正的自己

进行自我培育，就是让自己具备三种能力：**了解自己的能力（自我认知）、引导自己的能力（自主性）、支持自己的能力（自我认可）**。下面逐一讲解。

其一，具备了解自己的能力。

最了解自己的人未必是自己。很多人由于先入为主的观念及认知错误，并不能正确认识自己。我与很多人交谈后的感触是，绝大多数人从未言及自己内心重视的价值观，抑或是，绝大多数人自我认知的自身形象与别人对他的认知形象之间存在差异。

有些人认为，自己在找工作时就做过自我分析，对自己的志向能有大致了解。但是，进行自我分析时的自己与如今的自己，可能已经判若两人。因为人的自我认知会受每一天的体验和环境的影响而发生变化。

所以，请了解当下的自己，培育自我认知能力。

其二，具备引导自己的能力。

不要再止步于接受他人给予的目标，请告别被动，积极思考，亲自决定目标，主动出击，化被动为主动。

如果在任何情况下都能主导自己，就能够灵活应对变化。请时刻保持自己的节奏，不论前行、摸索还是驻足，都能够保持自主性。

正确认识自己，然后以自己的节奏前行。但是，如果只做到这两点，可能会导致努力过了头，身体陷入疲惫之中。您身边一定也有这样的人：他们充满信心，积极向上，但有时突然身体和精神状态变得极差，亟须休息。为此，在努力的同时，更需要自我调整，而自我调整所必需的就是第三种能力：支持自己的能力。

其三，具备支持自己的能力。

不必期待他人的赞扬，请先自己认可自己。认可自己的努力，鼓励自己，赞赏自己。自我认可非常重要。

其实，团队要想取得成绩，领导力和支持力缺一不可。对团队的成员不应止步于领导，还应给予他们支持。支持力是观察团队成员日常行为、关注他们成长、对他们给予支援的能

第一章 做真正的自己

力,这对领导来说也是不可缺少的。

提到领导,在大家的印象中可能都是站在众人面前鼓劲打气的指挥者,但仅有这些是不够的。优秀的领导还应具备对团队的支持力。

如果想取得成长,就应该重视领导力和支持力的平衡。其中的支持力就涉及自我培育中的"支持自己的能力"。

第 3 节

**养成自我培育能力的理由之一：
不能做真正想做的事，
何其可惜！**

第一章　做真正的自己

　　了解自己，引导自己，支持自己，做到这三点，就拥有了不论何时都能进行自我培育的能力。那么，当一个人拥有了进行自我培育的能力，会变成什么样子呢？

　　我向您推荐自我培育，主要基于三个理由。

　　长期以来，我见证了许多人的成长。这些人能力很强，但没能充分施展出来，尤其是自身的潜能没被发掘出来，以致被埋没。对此，我叹息不已，总想为他们做些什么。这也是我开始研究自我培育课题的动机之一。

　　通过观察，我发现这些人的才能之所以被埋没，是因为他们拘泥于他人对自己的看法，没有找到自己真正想做的事，对自己的努力也没有过多关注，还缺乏内省意识。

　　他们中的一些人接受自我培育课程后，无不焕发出活力，在各自擅长的领域大显身手。

　　由此，他们的脸上都洋溢着满足感、成就感和幸福感。

　　事实上，自我培育与人生的幸福息息相关。

　　从事"幸福学"研究、提倡将幸福学应用于生活的日本庆

自我培育：提升职场能力和认知的有效方法

应义塾大学前野隆司教授及其夫人圆香老师提出了幸福的"四大因子"：**"大胆去做"因子（自我实现与成长）、"感谢"因子（联系与感谢）、"总会有办法"因子（积极乐观）、"做我自己"因子（独立自主）。**自我培育几乎完美地包括了这四大因子。

了解自我的能力，印证了发现、尊重自我的"做我自己"因子；引导自己的能力对应"大胆去做"因子和"总会有办法"因子；而认可自我、接受自我，支持自己的能力，对应的是"感谢"因子。也就是说，养成自我培育能力，可以提高人生的幸福指数。

自我培育也与近年来全世界关注的追求身心健康（身体健康、精神健康）、社会健康的生活有着紧密联系。如果只着意于提升自己在短期内的表现，忽视自身"想要的状态"，那么这种行为并不能长久。

人类已经迈进跨越百年的长寿时代，我们应当追求踏实、健康、可持续的成长，不应过度勉强自己。因此，自我培育不仅有利于工作，同样对提高人生的幸福指数有所帮助。

第 4 节

养成自我培育能力的理由之二：培育自己的只有自己

自我培育：提升职场能力和认知的有效方法

领导想进一步提升自己，自我培育就是其必须具备的能力。

我经常问一些领导这样一个问题："以下五个选项中，哪些是您领导的？① 自己；② 团队成员；③ 团队；④ 领导；⑤ 社会。"

看到这五个选项，大多数人都会困惑不解。他们通常回答："除了自己领导的团队和团队成员外，其余三项确实没怎么在意。"

其中的选项④，是指受访者之外的领导。这个选项意在询问受访者能否对与自己相同地位的对手或伙伴产生正面的影响。

选项⑤中的"社会"，指的是离开受访者所处的领域和坚持的立场，把眼光投向全社会。比如，网球运动员大坂直美有关人权问题的发言、环保主义者格蕾塔·通贝里的议题等，以及与此类似的社会问题。

对于选项④和⑤，大多数人的回答是："我只专注于自己

第一章　做真正的自己

团队的成果，没有考虑过这些。"

在这五个选项中，受访者最容易忽视的是选项①。**他们对周遭事物予以关注，但对最重要的"自我培育"却视而不见。**听到这个观点，受访者都恍然大悟。

领导的责任重大，很多人不分昼夜，满脑子都是团队和部下的事。像这样一直为工作拼命，是否已经迷失了自我、沦为组织的齿轮了呢？

这样想来，没有了解自己的能力、引导自己的能力和支持自己的能力的领导，是不可能带好团队的。自我培育是领导必须具备的基本能力。即使当下没走上领导岗位，只要从现在起养成自我培育能力，将来走上领导岗位时也就不会迷失自我，就可以找到属于自己的领导风格，以实践领导能力。

第 5 节

养成自我培育能力的理由之三:
养成与众不同的自我风格

第一章　做真正的自己

前文提到的"自我风格"在本书中虽着笔不多，但非常重要。当有了自己的风格后，就可以从"非此不可"的束缚和责任感中解脱，可以更从容地对待生活和工作。

过多地与他人比较，只会萌生"别人什么都好，自己这也不行，那也不行"的不健康心态，对自己并没有好处。

应当明白自己喜欢什么，擅长什么，什么时候应当前行，在什么样的场合最能发挥自身的能力，以及什么是"想要的状态"。

==只要培育起了解自己的能力、引导自己的能力和支持自己的能力，就会自然而然地形成自己的风格。==

第 6 节

自我培育并没有唯一的正解，正如人生

第一章 做真正的自己

通过前面的介绍，想必您已经粗略了解何为自我培育、自己应如何发展。接下来，我开始引导您进行自我培育。

养成自我培育能力并非一日之功。一开始您可能会对自己能否养成自我培育能力持怀疑态度，但不必担心，随着课程的进展，您自然就会掌握诀窍，逐渐熟悉。

本书围绕提出的问题展开，因此阅读本书的过程中需要自主思考、做些笔记。纵然是阅读，也希望您能保持积极和主动，还希望您能遵守以下两条约定：

（1）不追求唯一的正确答案；
（2）用自己的话语进行梳理。

自我培育能够丰富个人的人生，也能丰富与之接触的周围环境和社会。针对每个人的自我培育形式各不相同，因此，书中问题的答案没有定式，也不必追求正确答案。

因为自我培育的对象是自己，所以针对培育的内容，只要自己能够理解就可以，并试着用自己的话语来表达，不必借用他人的说法或观念。

第二章

自我培育第1课：
培育了解自己的能力

> "您喜欢什么？"

准备好了吧，现在开始。

认识自我是进行自我培育的第一步，也是最重要的基础。请思考：自己喜欢什么？自己擅长什么？自己会因什么而喜悦呢？

如果您对这些自我认知尚不明晰，就会难以对自身的前进和发展方向做出抉择。

正确认识自我，对自我培育而言是不可或缺的一步。您可能会想：事到如今，还要先了解自己？

本课程有一个公认的前提是：您以为很了解自己，其实您并不了解自己。

因为人无法看到自己。即使通过镜子观察自己的影像，看到的也只是左右部位相反的平面图，并不同于他人眼中的您。

与他人相处时，对方眼中的您是什么样子，对您留下什么印象，对您有何期许或是否感到不安，我们几乎无从知晓。

我们不了解的不仅仅是他人眼中的自己。平时，我们一直关注他人的声音，但几乎从未凝神倾听自己内心的声音。

本课程中的"自我"指的是以下两个方面：

（1）自己如何看待自己：内在自我认知；

（2）他人如何看待自己：外在自我认知。

这两种自我认知之间存在着差异。当认识到自己想成为的自己与他人眼中的自己之间的差异后，这个差异就会揭示后续行动的方向。

接下来，我们先揭示内在自我认知。

我们从"喜好（价值）"与"缺点"两方面切入，以帮助您深入理解自己。

第 1 节

内在自我认知之一：明白自己的喜好

第二章　自我培育第1课：培育了解自己的能力

在讨论自我提升和职业规划时，几乎所有的人都会得到这个建议："找到您喜欢做的事情。"

这句话听起来很有道理，但是它是否让您感受到了些许压力呢？

"我喜欢什么呢？我……无论怎么想都想不出来！"

您可能很想这样对别人直说，但您又担心，自己根本不知道自己喜欢什么，如果说出来，就会被别人当成失败的人。您的这种先入为主的观念让自己感到羞耻，因此无法直言。于是，您罗列一些当下流行的事物，装作自己热衷于它们。长此以往，您就会陷入疲倦。

事实上，正是那些一本正经生活和工作的人，才不懂得自己喜欢什么。

在学校或公司等学习、工作场合，人们往往遵循老师或上司的指示去学习、工作。在这种以获取"唯一正确答案"和"完成既定目标"为评价标准的社会中，个人谈论自己的喜好往往不被认可。自由谈论自己的喜好会被当作自私的行为，会被指责为任性、不晓人情世故。

因此，突然鼓励您"努力做自己喜欢的事"，您为此感到困惑也是很自然的事。事实上，这种困惑正是您一直以来都很勤勉努力的证明，这其实值得鼓励。

我希望您能赞扬自己，并已经充分做好了一直以来被寄予厚望的事情。这将是接下来我们讨论的出发点。

◎ 从日常生活开始寻找自己喜欢的事物

对一直不太考虑自身喜好的人来说，他们找到自己喜欢的事物并不容易。这也难怪，因为他们在这方面完全是初学者。但换言之，他们也只是缺乏经验，只要经过训练，就能够学会如何寻找自己喜欢的事物。

那么，该从何处着手呢？不妨从日常训练着手。

==从今天起，请试着在生活中保持"因为我喜欢，所以选这个""因为我想做，所以做这个"的意识，以喜好为起点==，积

第二章 自我培育第1课：培育了解自己的能力

极行动起来。

例如，当您早上醒来，挑选今天要穿的衣服时，不要想着"穿一件不会惹上麻烦的衣服"，而是想着"今天穿这种颜色的衣服，很自在"，选一件符合心情的衣服。

或者，当与同事一起外出吃午餐时，不要再说"随便吃什么都行"，而是说出您真正想吃的食物，比如，"我今天想吃荞麦面（或汉堡包）"。

在这种情况下，您可能会下意识地考虑他人的感受，暗自揣度："我记得前辈喜欢吃咖喱饭，是不是该选吃咖喱饭呢……"如果是这样，就起不到训练的作用了。

我重申，说出自己喜欢的东西并不会给身边的人带来麻烦。相反，这样做会让自己向前迈出一步，是一件好事。

点菜时服务员询问："您餐后想喝咖啡还是红茶？"如果您想喝红茶，但其他人都想喝热咖啡，您也不应随波逐流改为喝热咖啡。不必胆怯、惊慌，坦白地说出"我要热红茶加柠檬"。这就是寻找自己喜欢的事物的基本训练。

总而言之，**在日常生活中，您应当遵从内心，选择自己想吃、喝、穿、看、听、摸的东西。**

这样一来，您最初可能会感觉很麻烦，因为顺应他人更轻松、更方便。但如果您一直顺应他人，随波逐流，就永远不会有机会感知自己的内心。

◎ **从模仿、共鸣、寻找伙伴开始**

如果您很难自行发现自己喜欢的事物，可以尝试寻找有类似想法的人。如果您找到了兴趣相同的伙伴，不妨试着向对方表示"您也喜欢这个呀"，这样你们产生共鸣的可能性会更大。

当产生共鸣后，您会更自信，自己"喜欢这个，也喜欢那个"的感性认知也能得到锻炼。如果最终您能把这种"兴趣盎然"的感觉带到工作中，则是最好的。

拥有了对喜好的兴致，一边工作一边交朋友的人，即使

第二章 自我培育第1课：培育了解自己的能力

职位发生变动，人际关系也能得以保持，任何时候都能享受生活。另外，模仿也是训练"寻找自己喜欢的事物"这一技能的方法。

您可以尝试感受身边的人喜欢的事物，不论是当下潮流还是其他东西。只是稍微试试，不必长期感受——抱着浅尝辄止的心态，放松心情去感受就好。如果恰好碰到了您觉得很有趣的事，并自然而然地继续下去，就再好不过了。像这样，通过多种方法为自己创造感受内心的契机，就是了解自己内心所爱的日常训练。

本书为您准备了一些空白处，供您写下自己喜欢的事物。请尽可能多地写下您在日常训练中发现的"喜欢的事"和"让自己感到快乐的事"。

自我培育作业之一

● 您喜欢什么?

_____
_____
_____
_____
_____

● 什么让您开心?

_____
_____
_____
_____
_____

第二章 自我培育第1课：培育了解自己的能力

◎ 回首探寻重要的价值

接下来要做的事情是，将您珍视的"价值"用文字表达出来。当然，并不是像"工作"那样严肃，我们以问答的形式进行。为了能平静专心地完成这项工作，希望您拿出1小时左右的空闲时间。

（1）请回想三个对您而言非常珍贵的快乐回忆。

如果您一时想不出来，我们可以换一个问法：有哪些经历让您私下里感到很快乐？

当一个人真的很高兴、很有成就感时，他的身体会不自觉地活动起来。这个时候，他不会振臂欢呼，而是在胸前握紧拳头，暗自说道："好！"当您摆出这样的姿势时，我想这是一种扬眉吐气的情形，您的努力得到了回报。同样，他人这样做时，也是由于努力得到了回报，松了一口气。

或者想一想出现以下情形时发生了什么：您情不自禁地呢喃"太好了"，并且眼泪自然而然地夺眶而出；您感到当下非常愉悦，身体无意识地做出反应。

自我培育作业之二

● **对您而言非常珍贵、快乐的回忆是什么?**

①
___
___
___

②
___
___
___

③
___
___
___

第二章　自我培育第1课：培育了解自己的能力

如果您已写好，我们继续。
（2）请从上面的三项中选择最珍贵、快乐的回忆。
（3）为什么选择了这个回忆？请写下理由。

在回答问题（3）时，您还有什么想说的？
这个问题没有标准答案，而这正是您要牢记的价值所在。换言之，增加类似的体验，将帮助您成为想成为的人。
这项事务应每半年左右进行一次。

"因为我让目前的客户露出了满意的笑容。"
"因为我解决了公司从未有过的挑战。"
"因为我有了让自己真正满意的创意。"
"因为我通过这份工作认识了公司内外的很多人，并结识了很多新朋友。"

自我培育作业之三

● **上面的回答中，最珍贵、快乐的回忆是哪个？**

_____
_____
_____
_____
_____

● **为什么选择了这个回忆？**

_____
_____
_____
_____
_____

第 2 节

内在自我认知之二：知晓自己的缺点

除了喜欢、开心等正面情绪之外，我们也应该了解自己的负面情绪。

当看到"缺点"一词时，您是否感到些许不安？在一般人的印象中，"缺点"并不是什么好词，但事实恰恰相反，缺点有时可能是使您强大的盟友。

了解并揭示自己的缺点，是团队或组织的领导必须具备的能力。请试着想象以下情形：

一个总是炫耀自己的长处和优势的领导，与一个敢于承认并揭示自己缺点的领导，哪个更值得信赖？

我想，一般人都会选择后者。

一个人敢于揭示自己的缺点也是内心强大的体现，这表明他拥有坚韧不拔的毅力。领导敢于揭示自己的缺点，可以使团队成员更有安全感，更容易发挥他们的长处。

前面提到的被破格提拔的大井女士，她也曾害怕自己的缺点被他人知道。她认为自己必须完美地完成工作，绝不能暴露自己的缺点。因为害怕暴露自己的缺点，所以她不善于与团队

第二章 自我培育第1课：培育了解自己的能力

合作，总担心自己无法胜任领导角色，担心因自己的失态而给他人带来麻烦。

许多人会因这种"不能给别人添麻烦"的想法而让自己承受着压力，这种情况在女性中尤为多见。我认为，这是其所接受的教育导致的。

其实，给他人添麻烦又何妨！暴露缺点又何妨！向他人寻求帮助又何妨！请放心地揭示自己的缺点吧。

随着进一步交流，大井女士逐渐敢于展示完整的自己，包括有时会"无能"的自己。自此，她身边的人就开始指导她怎样可以做得更好，她开始与团队成员分享自己的收获。于是，她在团队中的威信上升了，她带领团队成员的能力也得到了认可。

接下来，讲一个个人通过承认自身的不完美来获得成长的案例。

贵子女士是一名幼儿园教师，在晋升管理岗位后加入我的培训课程。她有强烈的责任感，觉得自己必须坚强可靠，不知不觉间套上了"为人师表"的盔甲，以致无法展现自己的个性。

通过培训，她开始展现"不够完美的自己"，能够预先发现并认可自己身上最微小的、哪怕别人看不到的成长，开始品味和享受成长的喜悦。

现在，贵子女士非常积极，能从错误中吸取教训，能在有需要时主动寻求他人的帮助，能让同事充分协作，能发挥出自己独有的领导能力。

◎ 优点与缺点互为表里

一直以来，我都认为优点与缺点并不是对立的关系。一个人眼中的优点在他人看来可能就是缺点，反之亦然。优点和缺点分别是一枚硬币的两面，是不可分割的。

例如，假设您的优点是"一心一意"和"坚持不懈"，那么反过来说，这也意味着您不知变通。

第二章 自我培育第1课：培育了解自己的能力

在现实中，一个品质是优点还是缺点，往往取决于结果。如果您成功了，您会因坚持和毅力而受到赞扬；如果您失败了，您就会被批评为"顽固不化""鼠目寸光"。成功与否可能会使您得到的评价发生180度的转变。这能否让您有所启发？

您可能有过这样的经历：您的工作方式并没有改变，但您的上司被更换了，由此您得到的评价也随之改变了。这很令人困惑，如果您不断地受到这些评价影响，就会心烦意乱。

因此，我认为：**一个人所拥有的既不是优点，也不是缺点，而是"特点"**。

"专注于一件事并坚持下去"的特点，就结果而言，可能是优点，也可能是缺点。当您意识到这件事时，您就会轻松许多。这样一来，您就不会因他人带有归结性的评价而大喜或大悲，可以专注于当下。

随结果变化的是他人的评价，而不是自己的本质。优点就是缺点，缺点就是优点，您最好能够在大脑中即时切换它们之间的关系。

如果您有机会通过公司的培训或通过"优势识别器①"系统的书籍等进行自学时发现了自己的优势,请不要因"我发现了自己的优点,太棒了"而感到飘飘然,而是这样想:"如果我把这个优点转化为一个缺点会怎么样呢?"请试着去思考它。

反过来,如果您发现自己身上存在一些缺点,感到情况很复杂,您也可以试着改变视角,把它转化为优点。

当您处于可以把自己的特点随时转化为优点和缺点的中立状态时,如果他人针对您的缺点进行指责,就很难挫败您。

例如,如果有人对您说:"你太反复无常了,总是想一出

---

① 优势识别器:由美国盖洛普咨询公司推出的心理学评测系统,意在帮助人们发现并描述自己的优势。该系统配有多部著作。——译者注

第二章 自我培育第1课：培育了解自己的能力

是一出。"对此，您的脑海中做出的第一反应应当是"您说得对"，并坦诚地接受对方的批评。然后，您再尝试把"容易厌倦"的缺点转化为"好奇心强，愿意尝试新事物"的优点。

当被他人指出缺点时，人们通常会动怒、生气，质疑对方为何会如此评价自己，这是人之常情。但如果您意识到，这只是对您身上的一个特点的评价，您就能以完全不同的心态接受它。如果能点头认可他人的评价，并且他人说得越准，您越开心，您就会成为他人眼中的真正高手。通过训练，所有人都能掌握这种思维方式。

◎ 负面情绪是正面情绪的种子

本节内容，是给对自己不满意、有焦虑和恐惧等负面情绪的人准备的。

研究表明，人类的自然情绪大多是负面的。动画电影《头脑特工队》中的5个角色正好说明了这一点。快乐、悲伤、愤

自我培育：提升职场能力和认知的有效方法

怒、沮丧、恐惧——5个头脑中的情绪小人中有4个是负面情绪小人。重要的是，负面情绪对人类来说是必要的。

在进化过程中，人类逐渐淘汰了诸如尾巴之类不必要的东西，保留了生存必需的部分，才成为我们今天的样子。

负面情绪之所以存在，是因为它们对我们来说是必要的。

愤怒给人以力量。恐惧让人小心谨慎。

像这样换个角度来看，负面情绪就是正面情绪的种子！是不是很有道理？您对"缺点"的态度是否有一些改变？

接下来，请容许我围绕您的缺点开始提问。

这里除了您和我，没有别人，所以请放心地展示自我。

（1）与他人相比，您对什么感到自卑或羞愧？

请将答案写在第46页。

我的回答是：我很健忘，还很怕麻烦，越是重要的约会，我就越容易忘记，经常惹人发火。

然而由于这个缺点，我也得到了一个优点，那就是我总是能坦诚地道歉。

第二章 自我培育第1课：培育了解自己的能力

我明白，大多数情况下问题都是由自己造成的，所以这个时候我都能立即道歉。并且我还养成了这样一种习惯：及时向对方确认，自己还做出什么样的应尽而未尽的承诺。（"确实给您添麻烦了……正好借此机会向您确认一下……"）

就像这样，您的缺点有时也可能成就了您的优点。请试着思考一下。

接下来，请回答下面的问题。

（2）您的这个缺点正在为您创造哪些优点？

请您尝试着练习，将缺点和内心纠结的地方逐步转化为优点。

自我培育作业之四

● **与他人相比，您对什么感到自卑或羞愧？**

● **您的这个缺点正在为您创造哪些优点？**

第 3 节

外在自我认知：
充分获取他人的看法

自我培育：提升职场能力和认知的有效方法

到目前为止，您感觉如何？希望您现在能比先前更清楚地看清自己的"轮廓"。

现在，我们来了解"外在自我认知"，知道别人眼中的您是个什么样的人。

我再次重申，平时观察您的不是您自己，而是您周围的人。接下来，我们来研究他人眼中的您。

方法很简单，仅一个：询问平常与您来往的人对您的看法。这就是所谓的"反馈法"。近年来，这一方法在人力资源开发领域广受关注。

询问他人对自己的印象，可能需要一些勇气。被他人指出您的不好的地方时，您可能会感到不舒服，弄不好可能与对方发生争吵，对方还可能不由自主地给自己设防。这也是可以理解的。

然而，这时您需要的是放松自己。如果您得到意想不到的答案，不必围着它转，不必抗争，不必试图去处理它，请先接受它。

第二章　自我培育第1课：培育了解自己的能力

试图了解"别人眼中的您"的实际情况，包括意外或不舒服的东西，能提升您的自我认知。

下面对具体的提问方法进行说明。

◎ 不要模棱两可地问"您觉得我这个人怎么样？"

想从一个人口中问出东西，重要的是知道如何提问。一个常见的错误是问得很含糊。如果问他人"我最近怎么样"，他人往往会不知从何说起。

应当事先准备好方便他人回答的提问要点。如果注意以下两点，就能将提问的主旨明确地传达给他人，也显得十分尊重对方。

==要问（关于自己的）什么（内容）==
==想听什么样的回答（目的）==

关于"要问什么"，有很多具体的要点可以参照，如"强

自我培育：提升职场能力和认知的有效方法

项""期望"等。

"您认为我擅长什么？"

"您认为我的特长是什么？"

"您对我有什么期望？"

"您有什么希望我加强的地方吗？"

像这样专注于自己想知道的要点，会让被问的人更容易回答。

然而，只了解这些还不够，提问的同时还应该传达提问的目的。如果没有说明提问的目的，被问的人就会有戒心。

假如您的上司让您"谈谈对我的优点和缺点的印象"，您保准会心跳加速，在心里暗想："他问这个干什么？如果我如实回答，会不会被'穿小鞋'？"显然，您会有所防备。但是如果上司补充说他问这个问题是为了让身为管理者的自己进一步成长，您应该就能放心地回答。

同样，还应让被问的人知道自己想听他们的意见的原因。

"我正在试着深入了解自己，因为我无法看清自己，所以

第二章　自我培育第1课：培育了解自己的能力

想得到他人的客观看法。"只要如实传达，被问的人就会理解您的意图。

　　如果有可能，还应当说明您追求自我认知这一需求的具体背景。例如，"我想在几年后取得一个海外职位，想知道自己是否拥有足够的能力"，或者"因为我最近刚被提拔到领导岗位"。像这样，告诉他人自己必须收集他人对自己的看法的原因，他人就会更容易地联系您提问的原因来思考该如何回答。

自我培育作业之五

● 要问（关于自己的）什么（内容）

_____
_____
_____
_____

● 想听什么样的回答（目的）

_____
_____
_____
_____
_____
_____

第二章 自我培育第1课：培育了解自己的能力

◎ **选择5个提问对象**

另一个重要问题是"问谁"。

应当向多人提问。不同的人得出的对您的印象，来自不同的角度，所以对了解自己非常重要。

只向3个人提问，可能人数太少，但也不是人数越多越好，一般5个人正好。试着在脑中列出您想提问的5个人，然后在纸上写下他们的名字。写好了吗？您可能纠结、犹豫了一阵。接下来，想一想您为什么选择这5个人。

您是从每天见面的团队成员中选择5个人，还是特意选择素未谋面的人，抑或是既有工作关系又有私交的人呢？

==您的人选是否符合这次提问的目的是非常重要的，需要仔细考虑。==

自我培育作业之六

● **您想向谁询问他对您的看法?**

（请列举5位）

1.
   _____

2.
   _____

3.
   _____

4.
   _____

5.
   _____

第二章　自我培育第1课：培育了解自己的能力

有些时候，选择问许久不见面但比较了解自己的人，比选择与自己经常往来的人更合适。

有些时候，比如有些沮丧的时候，您可能就想选择一个能够好言鼓励您的人，这样当然可以。如果您心里清楚自己眼下很累，想被鼓励一下以便振作起来，那么这样的选择就是有意义的。

根据不同的目的选择合适的人也很重要。

◎ 在提问前预想"预期回答"

现在，我们已经确定了问题和要问的人，接下来就付诸行动。在行动之前，还有一项必要的准备工作：预想一下每一个被问的人会给您的"预期回答"。每个被问的人的"预期回答"想必都有所不同。

自我培育作业之七（第1人）

被问的人

问题1

预期回答

实际回答

问题2

预期回答

实际回答

第二章 自我培育第1课：培育了解自己的能力

接下来，很关键的一步是：将实际回答与预期回答进行对比。

怎么样？两者一致吗？

大多数情况下，两者之间都会有差异。这就是内在自我认知与外在自我认知之间的差异。

当您发现，原本以为"他人应该是这样看自己的"，而实际上他人对自己的看法与此相去甚远。这一事实可能会让您非常震惊。

但了解到两者之间的差异就是进步，因为您可以就此开始思考如何消弭这个差异了。另外，不同的人对您的看法不同，会给您带来启示。例如，假设您平时努力让自己显得亲切，非常注重日常交流。在提问时，A说您看起来一直很友好、很开朗，B却说您看起来有点不近人情。两者的回答截然相反。

为什么会有这种差别呢？

问题线索就在于您与A、B之间的关系的区别。A已经与您认识超过10年，而B只见过您几面。

自我培育：提升职场能力和认知的有效方法

这样您就能明白："我是比较害羞的人，需要花很长时间来建立友好关系。以后当我初识他人时，我应尽量笑脸相迎。"这样一来，接下来的行动方案就具体起来了。这就是自我认知的效果。

那么，请继续记下其余4人的回答吧。

自我培育作业之七（第2人）

被问的人

问题1

预期回答

实际回答

问题2

预期回答

实际回答

自我培育作业之七（第3人）

被问的人

问题1

预期回答

实际回答

问题2

预期回答

实际回答

自我培育作业之七（第4人）

被问的人

问题1

预期回答

实际回答

问题2

预期回答

实际回答

自我培育作业之七(第5人)

被问的人

问题1

预期回答

实际回答

问题2

预期回答

实际回答

第二章　自我培育第1课：培育了解自己的能力

◎ 也可以用"色彩"表达看法

有些人难以通过快速遣词造句来表达他们对您的看法。在这种情况下，您可以试着让他们用"色彩"来表达看法。

您可以问他们："如果把我比作一种颜色，您认为应该是哪一种？"

他们可能选择代表温和、有活力的橙色，也可能选择代表冷静、酷的蓝色。在心理学上，每种颜色都有其代表的形象。

请参考第64页的图表。

颜色及其给人的感觉对照表

颜色	给人的感觉
红色	兴奋、热情、情感充沛、攻击性
橙色	开朗、温和、情绪高涨、好动
黄色	开朗、好动、希望
绿色	稳重、安静、自然、平衡、调和
蓝色	清爽、冷静、诚实、知性
紫色	高级、优雅、神秘、感性
粉色	可爱、幸福、体贴、满足感
黑色	强大、高级、威严
灰色	保守、沉着、调和、高贵
白色	纯真、纯洁、神圣、干净

第4节

不同人眼中的您也大不相同

总觉得不一样……

自我培育：提升职场能力和认知的有效方法

通过比较5个人的实际回答与您的预期回答，您一定会发现：没有什么"大家如何看待我"一说，因为每个人眼中的"我"都大不相同。

这是一个非常有意义的收获。

人们常常会假设一个"大家眼中的自己"，然后就守着这个假设的自己而放弃改变自我，这是非常令人惋惜的。其实，所谓的"大家"这个笼统的概念并不存在，您在每个人眼中的形象都是不同的。**随着您改变与每个人相处的方式，您在他们眼中的形象会随之变化。**

在社交媒体时代，来自网络上素未谋面的"大家"的批评和诽谤给很多人带来了困扰，甚至是伤害。然而，根据我们前面的总结，您应该已经明白，人们如何看待您取决于您与他们的关系。而且您也懂得，不认识您的人不可能正确理解您。这样一来，您的内心会变得更加坚强。

第二章　自我培育第1课：培育了解自己的能力

◎ 建议每3个月至半年调研一次

对外在自我认知的调研最好能够定期进行。

认清内在自我认知与外在自我认知的差异后，您就可以活用从其中得来的收获，定期调研，并及时确认其效果。

当您开始采取改进行动后，最快也需要3个月的时间才能看到您在人际交往中出现的明显变化，比如能微笑着与初次见面的人毫不拘谨地交谈。做到这些，一般需要半年左右的时间。

按照这个周期进行调研是最合适的。

您可以选择上次被问的人，也可以换几个新人。您可以感谢每一个帮助过您的人，并告诉他们，之前的回答给自己带来了很大的收获。我想，他们对您的成长的支持和关切将长久持续下去。

至此，第1课（"认清自己"）告一段落。

自我培育：提升职场能力和认知的有效方法

您已充分用心动脑，现在不妨做一下深呼吸，休息一会儿，然后进入下一课（"培育引导自己的能力"）。

本章总结

- 在日常生活中寻找自己喜欢的事物,并将其转化为话语。
- 自己珍贵的快乐回忆是什么?请将其写下来。
- 接受并展现自己的"缺点"。
- 先明确为何而问、问谁、问什么,再去寻求反馈。
- 认识自己后,观察自身的变化。

第三章

自我培育第2课:
培育引导自己的能力

当代需要什么样的人才?

在本章,我们学习引导自己的能力的技巧。

关键词:独立性。

独立性,指按自己的意愿和判断行事的特性。

在谈论独立性时,人们很容易将其与"自主性"相混淆。

自主性与独立性并不相同。自主性指自己做主行事,对自己决定做的事情采取积极主动的行动的特性。我们可以将自主性理解为类似学校社团活动中的"自主练习",一旦决定练习,就主动积极地开展预定的训练科目,独自进行平时大家常在一起进行的跑步、肌肉训练等活动。

这是一种自主行为,通常会被团队成员赞赏有加,而个人也会因知道自己做得越多就越受到认可而变得更为主动。例如，为了当天完成上司交办的工作而选择无偿加班，也可以被称作自主行为。

而独立性是指按照自己的意愿和判断行事，对自己认为应该做的事情采取行动的特性。

不知道做得对不对，即使做了也可能不会立刻得到大家的认可，但觉得有付诸行动的价值，这就是独立性，包含着自我担责的觉悟。

日本人拥有足够的自主性，但独立性欠佳。

如果大环境更认可循规蹈矩，那么大多数人会迎合这种评价标准而努力工作。在20年前，这样做都无可厚非。在一板一眼按规定办事、批量化生产带来经济增长的时代，如果按照个人想法行事的人太多，就会影响工作效率。

但时代已经改变，当下价值观多元化，技术水平与10年前相比已有了天壤之别。在如今这个时代，今天的常识在明天就有可能过时。所以，不论对个人还是团体而言，依赖唯一"正确答案"的生存方式已变得不再安全。

时代需要我们具有独立性。虽然不知道自己做得对不对，但仍按照自己的意愿去尝试。在没有他人指使的情况下采取行动，也就意味着没有他人来替您担责。这就要求您培养起自我担责的精神韧性。

一开始您可能有些担心，没关系，循序渐进就行。当您按照自己的意愿改变行动，享受这些变化带来的喜悦时，您会逐渐意识到独立生活的快乐。我也曾有这样的体验。

此外，独立性还与幸福学理论中的"大胆去做"因素相关，按照自己的意愿去做事会提高一个人的幸福指数。

当下，具有独立性的人才更受团队重视、更容易做出杰出的贡献。这是因为世界正变得越来越复杂多样，依靠以往的工作方法无法解决的问题越来越多，"不知道由谁来负责"的新工作也不断出现。

那么，如何培养独立性呢？接下来，我们探索具体步骤。

第 1 节

想象未来的自己

未来

过去

自我培育：提升职场能力和认知的有效方法

大多数人并没有真正理解何为自己引导自己。

请想象一下，您的脚下有一条向前后延伸的直线，您正沿着这条直线向前行走。若身后的直线代表您的过去，则向前延伸的直线就代表着您的未来。未来的您就在这条直线上向前方行走。

现在，请将未来的您与现在的您看作两个不同的人。

未来的您会鼓励您、帮助您、守护您。**未来的您会引导现在的您，带领您前往想到达的未来。没错，这个"未来的您"就是自己引导自己。**

我曾在大学体育队开展咨询活动，对一位有能力但苦于成长烦恼的运动员这样说过："我能够清楚地看到您的未来。我看到未来的您比现在的您进步颇多，成为队伍的核心，脸上洋溢着笑容。我也在与您并肩欢笑，并相信您绝对可以将这个未来化作现实。"

几个月后，这位运动员就与过去判若两人，为个人及团队取得了突出的成绩。他能取得突出的成绩自然令人欣慰，但他

第三章 自我培育第2课：培育引导自己的能力

能够憧憬自己的未来的心态、引导自己前行的方式更给我留下深刻印象。

哲学家尼采说："今天造就了明天，一如昨天造就了今天。"事实正是如此。过去已经过去，但对未来仍可自由畅想，您可以创造任何自己想实现的未来。

人类是能够按照自己的意志行事的生物。在地球上的所有生物中，人类还是唯一有能力自己制造机会、随时开始行动的生物。对此，我们不要浪费这种优势。

关于自己引导自己，还有这样一个现象。

许多著名探险家在雪山等地遇险并生还后会不约而同地提及："一个不应该在那里的人引导并拯救了我。"

这就是所谓的"第三人现象"。在身处绝境时，人类的生存本能会创造出一个帮助自己的第三者来。其中的科学原理尚不明确，但我认为这就是自己引导自己。当您感到迷惘的时候，不妨唤出另一个自己来引导自己。为此，必须珍视自己、直面自己。

自我培育：提升职场能力和认知的有效方法

◎ 从"决定1分钟后的未来"开始

话虽如此，您可能会担心规划自己未来的发展并不容易。请不要担心，只要经过训练，任何人都能做到。

突然设想自己在5年或10年后的境况是非常困难的，所以关键是把未来的范围缩小，如"1分钟以后"。请看一下钟表，比方说现在是15：20，过了1分钟后就是15：21。现在，您可以凭自己的设想改变1分钟后的自己。

当与别人交谈的时候，如果对方说"我现在讲重要的事情"，这时您的倾听态度就会发生变化，由随意听一听变为集中注意力倾听。结果，您从交谈内容中接纳的东西，或者您与对方的关系，都与1分钟前明显不同。

自己引导自己的核心技能是把握对待未来的态度，并且随时做到重新出发。 这也是优秀的人，即高效者的共同特征。

顺便一提，我是"小睡大师"，哪怕只睡5分钟，也能睡

第三章 自我培育第2课：培育引导自己的能力

个好觉。骆驼是长途跋涉的动物，所以需要有效地保持体能。

在与身处海外不同时区的同事沟通工作而感到睡眠不足的日子里，我总是下定决心做到"只睡5分钟就醒来，然后神清气爽、精力充沛地做下一项工作"，并相信5分钟后的自己能如决心做到的那样去工作，接着就闭上眼睛睡觉。

在这个过程中，我实际上可能只睡了两三分钟，但这是我保持专注、推进多项工作时必不可少的习惯。我告诉自己，这也是自己引导自己。

第 2 节

思考对自己的期望

第三章 自我培育第2课：培育引导自己的能力

此刻，您的心中想必有这样的疑问："该如何展望自己的未来？"

没错，这在一开始是很困难的。最有效的方法是**通过"展望未来的言语"来加深印象。**

人类非常容易受到言语的影响并做出反应。并且，受到刺激的言语不同，我们头脑中浮现的画面及想法也会发生变化。例如，当我说"请想象一头粉红色的大象"时，没有人的大脑中会想象出一头黑豹来。这意味着，能够通过言语来控制大脑中的图像。所以，在试图展望自己的未来时，斟酌询问自己的措辞非常重要。举例来说，我建议使用"期望"一词。比如问自己："我期望自己在三年后成为什么样子？"

仅仅因措辞不同，就有可能催生成长。

事实上，我在担任培训讲师时经常使用"期望"这个词。我通常先向授课对象抛出这个问题："各位，当这120分钟的课程结束时，你们期望收获什么？请告诉我你们的期望。"

大多数人此刻显得很惊愕。我能感受到，那些认为自己只

自我培育：提升职场能力和认知的有效方法

是来听讲的人，他们的意识发生了变化。

"在这120分钟里，我期望学到关于领导力的知识，从今天开始，在工作中加以活用。"仅仅通过这样的言语表达，这个人120分钟后的"未来的自己"就展现在他的面前，他也就可以朝着这个未来前进。

提问及言语的力量是惊人的。也就是说，您应尽可能丰富地储备自己用来展望未来的词汇。如果您正在朝着一个具体的目标努力，那么请假设自己已经实现了目标，然后策划一场针对未来的自己的采访。这样做会很有效。

第 3 节

对未来成功的自己
进行模拟采访

自我培育：提升职场能力和认知的有效方法

我简单地说明一下方法。

首先，请想象您在未来已经实现了的目标。接着，请假设您站在嘉宾采访台上面，面对一位知名记者伸过来的麦克风接受采访。

请想象一下这位记者向您表达祝贺并向您提问，以及您作答的情形。（如果能请他人扮演记者，两人一起进行模拟，效果会更好。）

采访是这样进行的。

"恭喜您出色地实现了目标。请问您现在的感觉如何？"

"您想与谁分享此刻的喜悦？"

以上是一些关于个人感想的问题。接下来，**采访的重心转向询问实现目标的过程。**

"您认为自己成功的决定性因素是什么？"

"您遇到过的最大的困难是什么？"

我建议您**假设自己面临重重困难，并展开提问**，例如：

"3个月前的时候真的很辛苦，只完成不到计划一半的

第三章 自我培育第2课：培育引导自己的能力

任务，团队关键成员又因病突然离开。该怎样克服这一困难呢？"

因为这只是一场模拟采访，所以内容可以自由设计。您大可以自由地设想遇到匪夷所思的困难的场景。这样一来，您可以发挥平时没有机会发挥的想象力，有时就会带来全新的思路。

从成功的未来逆推一场未来的采访，这是一种值得尝试的设想未来的方式。

第 4 节

每天可以多次重启计划

第三章 自我培育第2课：培育引导自己的能力

培育引导自己的能力，要养成每天早上起床宣告完成当天计划的习惯。但是以"天"为单位，时间跨度可能有点太大了。早上做出的宣告很可能一过了中午就变成模糊的记忆。为此，我建议以更短的时间为单位，不断地重置、重启计划。

当您做事或行动达到一个时段，如上班去公司与到达公司的时段，到达公司后的30分钟晨会时段，晨会之后的1小时会议时段……就以这样的时段来决定下一时段的计划。

即将开始的时间是新的未来，它不是过去的延伸，而是一个可以由您自己决定的新时间。希望您铭记这一点。

不必太过费心制定目标，也不必执着于具体数值。您可以专注于心态、情绪等，如"开开心心""好好听人说话"。

像这种重启计划，每天可以做10次、20次、30次，多少次都可以，说极端点，您甚至可以每5分钟就来一次。 这样日积月累，就会在未来为您带来改变。

第 5 节

顺其自然也无妨

第三章 自我培育第2课：培育引导自己的能力

　　有时候，顺其自然也很重要。您可以试着通过偶然间的相遇，也就是通过机缘巧合来感受命运的改变。如果一直顺其自然，就不能说具有独立性，但"事情的发展超出意料之外时，还是接受它比较好"。请将其当作自己目标的一部分，只要能很好地做到区别对待就行了。区别两者的关键在于，应在力所能及的范围内尽可能地做到自主决定。

　　当出现**诸如人事变动、客户变化等自己不能左右的情况时，不必挣扎，接受即可。**这些情况可能对您有正面意义。

　　无论您是顺其自然还是朝着未来的目标前进，都应遵循同一个规律：过去和未来是不连续的。过去的延伸，即未来并不是确定不变的，而是不断被重新创造的。未来可以从当下这一瞬间被改写，正如人的身体里的每一个细胞都在新陈代谢，从而让生命生生不息一样。请记住，未来取决于您的意志和行动。

第 **6** 节

未来不辉煌也不必纠结

第三章 自我培育第2课：培育引导自己的能力

有些人会觉得对未来难以展望。

"我习惯于对所有的事情都持否定的态度，所以对我来说，展望美好的未来并不容易。"

"比起展望美好的未来，我更容易先担心'发生了坏事怎么办'。"

"因为过去并不顺利，所以我总觉得以后也会不顺利。"

在这种情况下，与其否定这些消极的想法，不如试着接纳它们。在汇总出最糟糕的情况和顾虑后，可以发挥想象力问自己："即使发生了这种事情，说不定也没事。如果是这样会发生什么呢？自己会变成什么样呢？"

即使您头脑中有99%的想法是消极的，也要尝试在其中加入1%的积极成分。久而久之，您对事物的看法就会逐渐改变。

第 7 节

尝试时间穿越

第三章 自我培育第2课：培育引导自己的能力

最后，我们以"时间穿越"为结尾来结束第2课。

从现在开始，您将穿越到未来。

请闭上眼睛。现在的您变成10年后的自己。您的手中有一面镜子，镜子里的您看起来是什么样子呢？又是什么表情呢？

现在请回头看。在只有您能看到的空间里，远处可以依稀看到一个小小的身影。那就是"10年前的自己"，也就是现在的您。

现在，**作为10年后的自己，您想对现在的自己说些什么呢？**

请填写在第94页的横线上。

现在，我们继续向未来穿越10年。

现在的您是20年后的自己。继续回首，**请给20年前即今天的自己留下一些记录。**

能牵引您前行的，只有您对自己未来的憧憬。

想象未来的您正在向前方奔跑。请追逐自己的背影吧，并坚信：跟着自己走绝对不会有错。这就是独立性。

自我培育作业之八

- 作为10年后的自己,您想给现在的自己写下些什么呢?

_____
_____
_____
_____
_____

- 作为20年后的自己,您想给现在的自己写下些什么呢?

_____
_____
_____
_____
_____

本章总结

- 养成独立性，而非自主性。
- 从决定1分钟后的未来开始。
- 把一天分割成小块时间，多次练习重启计划。
- 展望未来，也能做到顺其自然。
- 对未来感到悲观也没关系，请接受自己的悲观，并在其中掺入乐观。

第四章

自我培育第3课：
培育支持自己的能力

没关系

谁能够认可您？

关于自我培育，还有一个不可或缺的能力：支持自己的能力。它是自己对自己接受、认可的能力。

每个人都希望获得他人的认可。然而对绝大多数人而言，并不会有一个人每天都出现在自己身边，仔细观察并夸奖自己很努力、干得漂亮。

有些人可能备受上司青睐，每天生活在认可的声音中。但他们能永远与这位上司一起工作吗？也许不能。

寻求他人的持续认可是不切实际的。因此，只有自己才是随时随地都能支持自己的最可靠的人。本章为您介绍实现这一目标的具体方法。

第 1 节

接纳自己，认可自己

自我培育：提升职场能力和认知的有效方法

请回想一下您的日常生活，您在何时感到自己得到周围人的支持？对此，您是否想起了一些具体场景？我想，这些场景的共同之处就是有人正在关注您的状况。

能够治愈一个人的最好养分就是关心。 因为被关心的人会觉得自己的存在得到了认可，这样就可以缓解不安，让自己继续前进。相反，感到自己不被关心的人会产生身处不幸的孤独感。在大城市的孤独感往往比独居在空无一人的荒野要强烈得多。

身边明明有很多人，却感觉不到与他们有任何关联，就好像自己的存在被否定了一样，这时内心就会受到很大的伤害。

在工作中出现失误时，最让人痛苦的并不是失误被发现并且因此受到了责骂，而是没有任何人注意到这个失误。一次失误被他人忽视，您可能觉得是自己的运气好，但如果自己的失误被他人再三忽视，您可能就会觉得自己的工作并不受他人重视，自己的工作对团队来说并无价值，并由此而陷入焦虑之中。

第四章　自我培育第3课：培育支持自己的能力

当然，造成这种情况的主要原因，是团队领导的领导力不足，没能注意到团队成员的工作状况。但是，如今世界变化快速，每个人的精力往往都专注于自己手头上的事务，因此，依赖他人的认可是不可靠的。

我们应当**培养自我认可能力，能够接纳、认可自己。**通过培养自我认可能力，您就可以在任何情况下保持坚韧的意志、开朗的心性和灵活的处事方式，从而实现自我培育。

◎ 自我认可的四个阶段

我们可以通过哪些方式来实现自我支持、自我认可呢？

我建议将"认可"分为四个阶段，并逐一掌握。您可能会惊讶于这种细分，但每一阶段都是重要的步骤，所以请您认真跟进。另外，每个阶段都有自我独特之处。只要加以留心，人人都能掌握这个独特之处，这其实并不困难。接下来，我逐一进行讲解。

第 2 节

**自我认可第一阶段:存在认可
对今天的自己说"早上好"**

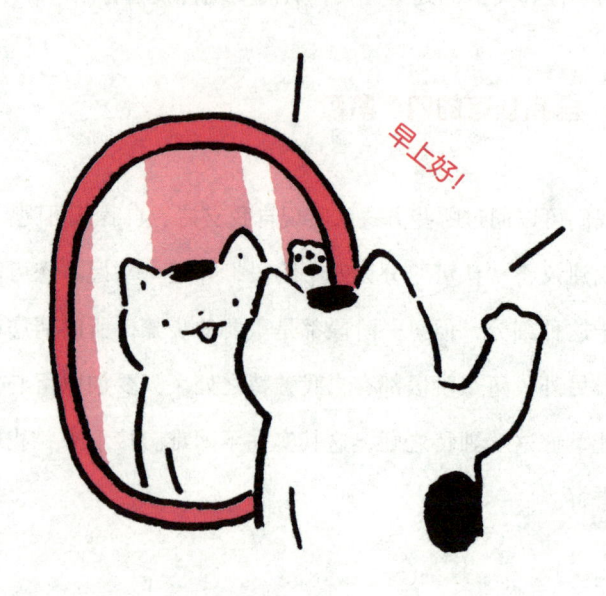

第四章　自我培育第3课：培育支持自己的能力

对今天的自己说"早上好"。

说到"认可",我们往往认为是对某项成就的赞美或重视,但有关认可的第一个重要步骤是**认可客观存在**。

那么,如何"认可客观存在"?

不必想得太复杂。只要发现客观存在并与之沟通即可。例如,在与人沟通时,认可客观存在的一个非常简单有效的方式就是向对方问好:**"××先生(女士),早上好。"**

善于管理团队的领导会非常自然地向团队成员道一声**"早上好"**。他们不会拘泥于下属应该主动向上司打招呼的观念,而是主动地同下属打招呼。

不论是线下会议还是线上会议,开场都不应直接开始议题,而应先向与会者打招呼。通过问候进行初步接触的做法非常重要。

问候的重点不在于问候本身,而在于呼叫对方的名字。只要呼叫名字,就能让被问候的人感到他们的存在被认可了,双方就能建立联系。这样就形成了对存在的认可。

自我培育：提升职场能力和认知的有效方法

这里有三种将其应用于自身的方法，所有方法都建议在早晨醒来后立即施行。

◎ 对镜子里的自己说一声"早上好"

平时我们都没有留意自己的模样。因此，有效利用客观地认知自己的时间，也与自我认可息息相关。方法很简单。面对镜子，看着镜子里的自己，叫着自己的名字，接着说一声"早上好"。您只需要做这些就行，就是这么简单。请用嘴发声说出来，而不是在心里默念，因为让耳朵听到自己的声音非常重要。

叫着自己的名字向自己打招呼，听起来可能怪怪的，但请务必尝试一次。这会改变您看待镜子中的自己的想法。您可能会感到，打招呼的自己与镜子中的自己产生了割裂，仿若旁人。这正是本书始终向您强调其重要性的"客观感"。

如果您在打完招呼后稍稍观察一下镜子中自己的脸，就更

第四章 自我培育第3课：培育支持自己的能力

好了。您发现自己的脸是否比平时肿了一点？整个人是否看起来有点累？还有，眼睛可能比昨天睁得更大了；嘴角上扬，感觉很棒！诸如此类，请确认自己当天的状况。

认识今天的自己，这听起来很简单，但是实际上很多人做不到。

当您养成每天早上问候和观察自己的习惯，也就培育了自己支持自己的基本能力。顺便一提，这种问候自己的习惯，在运动员面临重要比赛需要调整精神状态时，备受推崇。

无论是在工作场合还是在运动场上，高效者都擅长调整和转变。 在发生意外或差错时，这是一种不被拖累且能够切换到下一步的能力。

自我问候是培育调整和转变能力的有效方法。

请在早上出门时说一声"我出门了"，回家时说一声"我回来了"，完成一项任务时说一声"辛苦了"，开饭时说一声"我开吃了"，吃完饭时说一声"我吃饱了"……这些都是作为自我调整和转变的话语。这些话语意味着以此为界，前后两段时间内的情形发生了变化。

即使您独自生活,没有人可以交谈,也要对自己发出声音,试着说这些问候语。仅此一点就能使您成为自我调整和转变的高手。

◎ **小声宣告今天要如何度过**

可以在照镜子时增加小声宣告环节。问问自己希望今天是怎样的一天,然后对着镜子中的自己做出宣告。比如,"今天是用兴趣解决纠结的一天""今天是发现遇到的每一个人身上的优点,并告诉他这些优点的一天""今天是把决定做的事都做完的一天",诸如此类。**以"今天是……的一天"的方式,对着镜子里的自己小声宣告。**

那么,请问这种宣告的重点在于什么呢?答案就是"今天是"。

宣告强调"今天是"而非"今天也是",意义在于明确

第四章　自我培育第3课：培育支持自己的能力

今天是一个与昨天完全不同的一天。您将自主选择如何度过今天，而不是单纯地将昨天延伸。当您说出"今天"时，这种意识就会进入您的大脑。语言的力量是惊人的，借助这种措辞的帮助，我们就能向支持自己的能力更进一步。

◎ 营造舒缓呼吸的时间

最近，冥想、坐禅和瑜伽等被称为"正念减压法"的活动受到大众追捧。许多人选择这些活动，并把花在这些活动上的时间作为放慢节奏、直面自己的时间，而这些活动都有一个共同特点：有意识地关注自己的呼吸。

呼吸是自律神经系统中唯一可以由自己控制的活动。人不能随意提高或降低体温、改变血液流动的速度、调整头发生长的速度，但可以通过意识放慢、加快或暂停呼吸。

我们不妨试一下。

呼气——吸气——呼气——吸气——停止。慢慢地呼气，

自我培育：提升职场能力和认知的有效方法

当您完全呼气后，再吸气。

看，您在自由地控制自己的呼吸。这是一件很神奇的事。

在这短短不到1分钟的时间里，您可以比平时更加专注于觉察呼吸时的身心。您现在感觉如何？是否比1分钟前更放松了呢？

吸入外面的空气，呼出在体内循环产生的废气，这一过程经历的时间是将自己与外部世界联系起来的时间，也是让自己直面世界的时间。只要营造时间去觉察自己的呼吸，即使只有1分钟，您也能感受到自身的存在。即使您不去做冥想等复杂的思考，只是静静地坐着做深呼吸，或者在散步中感受自己的呼吸声，也都可以培养自我认可能力。事不宜迟，请从今天开始实践吧。

第 3 节

自我认可第二阶段：行为认可
回顾行为和成果

自我认可的第二阶段是"行为认可"。所谓**行为认可，指的是确认、认可自己已经有过的行为。换言之，就是对行为进行回顾。**

当然，也可以借助他人的帮助来回顾行为，但自我回顾的优势在于可以发现在他人眼中不值一提、只有自己才知道的较小的行为，例如，"我能够与不好沟通的人进行项目协商""我私下整理好了团队的文件"等无须刻意向他人提及的小事，但做这些小事对您来说必然都有一定的意义。

自我行为认可的好处在于，可以回顾那些虽然在他人眼中无关紧要但对自己而言很有意义的行为。

那么，应当如何进行回顾呢？对此，可以采取固定的模式。例如，总结"好的""坏的""下一步"，即回顾当天的行为，写下好的事情、坏的事情，然后写出下一步要改进的事情。这种回顾模式非常适合为实现既定目标而快速改善自身行为的情形。

第四章　自我培育第3课：培育支持自己的能力

◎ 从3个视角回顾

接下来，我介绍另一种回顾方式，这种方式更有利于客观审视自己、向未来迈进，实现自我培育。**这种方式就是"回顾内容、情绪、态度"。**

将回顾的内容写在纸上，是最有效的回顾方式。因为将回顾的内容变成可见的书面文字，更有利于客观地审视自己。

您只需要做3件事，请填写在第115页的横线上。

首先，请**回顾一下今天或昨天做了什么，写下自己实际所做之事，也就是行为的"内容"**。您可以写任何内容，如"着手完成了一半的计划书""给客户做了进度报告""与上司一起召开了关于下期计划的会议"等。

接着，**请写下您做上述事情时的感受，也就是有这些行为时的"情绪"**。

回顾情绪非常重要。

那么，您对刚才写下的行为有什么感受？无论是生气还是烦躁,都没关系。不必掩盖负面情绪,如实写下即可。因为现在正在做自我回顾,所以无须在意他人的感受,不必强行在纸上堆砌赞美的辞藻。

为什么回顾情绪很重要?因为人类的行为会受到情绪的较大影响。面对同一项任务,快乐地做与愁眉苦脸地做,结果大不相同。在处理一道难题时,有的人会因无法顺利解决而烦躁不已,有的人却会因觉得富有挑战性而欣喜雀跃。您是哪一类人呢?只要了解了自己的情绪倾向,就可以为日常工作做好心理准备。

阅读至此,想必您也是一位愿意以积极的方式改变自己、希望获得成长的人。因此,您应该也会尽可能积极地迎接挑战。

再就是很重要的一步,即态度回顾。**请试着回顾一下:您在做上述事情时是什么态度?** 例如,您是否愿意尝试挑战困难的事情且不怕失败?您开会时之所以心情烦躁、不愿认真听取他人的意见,是不是因为您对会议持有先入为主的怀疑态度?

第四章　自我培育第3课：培育支持自己的能力

不妨回顾一下自己有过上述行为时究竟抱着什么态度。

态度包括行事的作风与心态。请试着客观地回顾自己的态度，您是诚恳的、严肃的，还是挑剔的？

许多人一开始很难写出自己行事时的态度。因为没做过类似的事，一开始写不出来是很正常的，这没有关系。当您重复进行这种回顾后，您就会逐渐有意地去觉察自己平时的态度，看法就会变得越来越清晰。即使您还不能把它表达出来，持续探寻也是有意义的。

有一个可以快速获取素材的方法，就是将自己参与在线会议时的实况录下来，然后再回顾自己的发言和态度，想必您会有所收获（虽然大多数人不喜欢看自己的录像）。

我建议您基于如下原因来回顾态度：

情绪是自然产生的，无法直接控制（很了不起的人可以做到，但大多数人做不到）。然而，态度与情绪相关，且态度往往因自身的意志而改变。当您调整为积极的态度，情绪也会发生积极的变化。这样就形成了积极的循环。

依照行为的"内容→情绪→态度"的顺序进行回顾，这样，个人也会按照"态度→情绪→行为本身"的顺序获得成长。

您是否有所感悟？请您尝试从内容、情绪、态度3个角度开始回顾自己的行为。

自我培育作业之九

● **昨天、今天做了什么?**
（回顾内容）

_____

_____

_____

● **做上述事情时是什么心情?**
（回顾情绪）

_____

_____

_____

● **因这种情绪产生了什么态度?**
（回顾态度）

_____

_____

_____

第 4 节

自我认可第三阶段：成果认可
给自己打个对号

第四章 自我培育第3课：培育支持自己的能力

我们进入第三阶段，即"成果认可"。所谓成果，指的是回顾行为的最终收获。

我们先明确在这里希望您回顾何种"成果"。

许多人认为"成果"是指一个明确易懂的现成品，或者实现诸如"成为本月销售冠军"之类的数字指标。如果按这种标准考量，恐怕在一年里值得回顾的"成果"也就只有几个吧。

我在这里建议您认可的"成果"，是指取得的更小的成果，包括那些只有您自己才知道的小成果。 如，您用5页纸就写好了本需要使用10页纸才能完成的报告，或者您完成了当月计划中的一个阶段性目标等。只要感到自己进步了，您就可以将这些进步算作成果。目标尚未完全达成也没关系。过程中的进展也是最重要的成果之一。这样一来，日常生活就变成了一系列连续的成果。

这种标准是否太过宽松了呢？并不是。对您而言，重要的是每天都能积极向上，每天都能切实地获得成长。顺便一提，这种更认可进步而非认可结果的观点来自哈佛商学院心理学博

自我培育：提升职场能力和认知的有效方法

士特蕾莎·阿马比尔（Teresa Amabile）教授倡导的最新理论。

执着于没有完成便没有意义的结果论，对人而言是一种折磨。尽管您已经比昨天取得了进步，却把注意力集中在还有许多未尽之事的消极一面，这样就无法认可自己。这样一来，您会失去信心，认为自己今天一事无成，不知不觉中就会伤害自己。

如果您能把自己从追求完美中解放出来，认可自己取得的微小成果，就会轻松许多。所以，我希望您能掌握这种把成果化整为零的能力。

我们往往遇到不能在一天或一周等短时间内完成的工作任务。所以，**今天做了昨天未尽之事，就迈出了扎实的一步。确认自己的每一点进步是非常重要的。**

您之所以能前进一步，是因为今天能够运用昨天所不具有的技能或勇气。进步的逐步积累终将变为丰硕成果。微小的成果也很有价值、值得鼓励，请鼓起信心。唯一能做到这一点的人不是别人，正是您自己。

第四章 自我培育第3课：培育支持自己的能力

为此，请立即行动起来，填写在第121页的方框内。

回顾今天或昨天，找出您取得的小成果并把它们写下来。

写几个都可以，只要把成果定义为"微小的成果"就可以，不论完成与否只要取得进步就可以，这样您就能从自己身上发掘出很多成果。

◎ 待办事项清单越精简越好

在此之前，关于成果认可，还有一点需要说明。

我们来讨论一下如何使用待办事项清单。

在待办事项清单上，可以将要做的任务列成表，完成后逐一打钩。它对许多人而言是一种方便的任务管理工具。

但需要记住，工具只是达到目的的手段。如果它不能让您对自己的工作有更积极的感觉，不能提高生产力，那么使用它没有意义。这一点很容易被忽视。如果您能像完成游戏任务一样成就感满满地勾选已完成的所有待办事项，给自己带来激励，那么使用这种工具并无问题。如果勾选任务清单时让您更多地感到自己还是没能完成所有任务，那么应当停止使用这种工具。人都有制订超过自己能力的计划的倾向，这种行为被称作"错误计划"，是一种常见倾向。另外，觉得身边的人都在按计划行事而唯有自己拖拖拉拉的，不止您一个人。

每日计划应力求简洁，不应太过繁杂。这样便足够了。

能够用好待办事项清单的人都有一个共同点：他们制定的任务难度都很低。他们的目标都相对容易完成，比如"给客户B打电话询问情况"或"提升文档10%的进度"。因为完成任务的门槛低，所以更容易完成，也就更容易认可自己的成果。

不妨先制定一项规则，在每天工作开始时为自己定下5个目标。这样您就可以给自己打气："我今天完成了5项任务！"这将为您做其他工作提供动力。

清空待办事项清单并不是最终目的，重要的是从在清单上打钩中获得快乐，享受取得工作成果的过程。

自我培育作业之十

● **今天的小目标是什么？**

目标①：

结果：

目标②：

结果：

目标③：

结果：

第 5 节

自我认可第四阶段：成长认可
人永远在成长

3个月前

第四章 自我培育第3课：培育支持自己的能力

现在，我们来到了自我认可的最后一个阶段：成长认可。

您可能在想：成果与成长之间有何区别？

成果是只能在某一时点来衡量的。而成长是伴随着时间的推移而发生的，从过去的某一时刻到现在。换句话说，成长可以以时间为维度来展现变化。

为了发现变化，您必须进行持续观察。**成长认可不是基于今天做得好或不好这种具体的"点"进行的评价，而是通过评估"一段"时间来获得的，比如发现自己与3个月前相比更能干了。**

您身边有没有能够持续关注您的成长而非关注您一时取得成果的人？如果您的上司是这样的人就再好不过了。但是，即使是最优秀的上司也很难一一洞悉您的所有行为和取得的成果。在这件事情上，您自己比上司更可靠。如果您能够发现自己的成长，就可以持续获得成长认可。

您需要做的事情非常简单。

我们运用第二阶段写下的"行为认可"记录。该记录回顾了内容、情绪和态度方面的内容。请每天在笔记本上做行为认可记录，然后每月尝试将自己与3个月前的自己进行比较。

这样做之后，您对待工作的情绪和态度是否会发生变化呢？您应该能发现，您在工作中的表现在短短几个月之内虽然改变不是很大，但与3个月前记录的内容之间存在差异。

有时您可能会发现，自己确实有变化，变得没有3个月前那样积极。对此，请不要担心自己没有成长，或认为自己退步了。因为成长不是线性的，而是波浪式的。昨天能做的事，今天可能就做不到了，人就是如此。前进三步，后退两步，缓慢前行，才是真正的成长。本书第134页的成人发展理论也会对此展开讨论。

==观察成长应拉长时间尺度。即使当前由于某些原因表现低迷，也可能在一两个月内实现触底回升。==

如果现在您的状态低迷，其原因是应对全新挑战时有很多事情不能得心应手，那么您应知道这是成长必经之痛。就好比一个平时不怎么运动的人突然努力进行肌肉训练，稍后几天他

第四章 自我培育第3课：培育支持自己的能力

一定会出现严重的肌肉疼痛。不过，肌肉纤维会以极快的速度修复，几天后他就会生成比锻炼前更强大的肌肉群。这种生理现象被称为"超量恢复"。类比一下，这种肌肉超量恢复的现象同样发生在我们成长过程中的行为和态度的修复之中。这样一来，您是否觉得我们每时每刻都在成长呢？

那么，究竟何谓成年人的成长呢？

当我们还是孩子时，很容易从数字上看出成长状况，比如长高了、经过努力学习考试成绩更好了。但是成年人的成长很难被发现，因为没有固定的衡量方法。成年人自然也会成长，主要体现在对事务的认知、处理方式上，在应对类似的事务时的方法和心态上。比如，5年前曾经因为难以做到而回避的事情，现在您已经能够做到了；过去曾经难以应对的人，现在您已经能应对自如。

每个人每天都因经历着这样的变化而成长，然而许多人都未能觉察到这一点。为了养成觉察到自己成长的习惯，我建议进行"定点回顾"。

自我培育：提升职场能力和认知的有效方法

"以前无法解决的问题，现在我可以这样积极地看待了。""以前我不擅长应对C先生，避免与他来往，现在我认为他身上有我不具备的可以学习的长处，所以能与他交流了。"

您的回顾记录会为您提供明确阐述、理解和解释自我成长所需的信息。同时，它还是融洽职场人际关系的有效处方，而人际关系问题往往被列为职场上的首要问题。

您身边是否有一些人，他们因为胸怀宽广或富有人情味而广受尊重？

最近的研究表明，"胸怀""人情味"等名词虽然表达的意思有些抽象，但实际上可以在一定条件下做到量化。而评价上述品质的标准就是前文所提到的能够帮助我们发现自身成长的"认知、处理事务的方式"。

认识、处理事务的方式越丰富、充实，我们的人性也会越丰富、成熟。 这样，您就会更有声望，也就有更多机会获得人脉。

本章总结

- 认可自己，养成4个自我认可的习惯。
- 每天与自己打招呼、小声宣告当天要如何度过（存在认可）。
- 按照内容、情绪、态度的顺序回顾行为（行为认可）。
- 小有进步就算合格，认可微小的成果（成果认可）。
- 发现自己从过去到现在的变化（成长认可）。

第五章

自我培育的土壤：
培育持续学习的能力

您最近学到了什么？

至此，我们已学习了与自我培育相关的3种能力：认识自己的能力、引导自己的能力和支持自己的能力。除此之外，还有一种能力是这三种能力的基础，它就是持续学习的能力。

持续学习的能力就是改变自己的力量。与在学校的学习不同，它是成年人一生中持续成长所必需的力量。

我们回顾一下自我培育的步骤：正确认识当下的自己，向未来的自己前行，认可自身的变化。上述所有过程的关键之处都包含持续学习的能力。

接受挑战，为了实现目标，成为想成为的人，改变自己过去的行事方式，主动采取变化。持续学习的能力也可以说是不断改变的能力。

事实上，社会上大多数人并没有这种能力。

当我们还是孩子时，我们渴望获得新的知识和技能，但成年后，我们的观点和思维就趋向固化，被"就该这样"和"本应如此"的条条框框束缚。

在心理学领域的成人发展理论中，有两种衡量成长的标准：横向成长（水平成长）和纵向成长（垂直成长）。

横向成长指知识和技能的增长。它是发展处理能力、提高工作效率能力的成长。诸如编程能力、撰写简明易懂的文件的能力、演讲能力等均在此列。这种成长与数字息息相关，可以量化体现。特别是在工作第一线时，横向成长更受重视，在工作中也更容易发挥实际作用。大家公认的优秀者都是横向成长迅速的人。

纵向成长，指一个人在性格深度和广度方面的成长，是一种质的成长。许多人在走上领导岗位后就需要这种能力。高管或企业主突然努力丰富自身素养，可能就是出于对这种纵向成长的需求。

　　与可以量化的横向成长相比，一般认为纵向成长更难衡量，但最近的研究已经逐渐找到了衡量它的方法。

　　因富有人情味或胸怀宽广而受到尊重的人，究竟有何不同之处？简单来说，就是他们认识、处理事务的方式更加丰富、周到。他们未必拥有丰富的知识，但能够从不同的角度，包括自己、他人和社会等多方面来阐释一件事的意义。他们拥有的不是以自我为中心的狭隘观点，而是能够以更开阔的视角俯瞰一件事的影响，并能看到这件事对各种人及全社会有什么好处和坏处。而支持纵向成长的，正是本书第二章所介绍的认识自己的能力。

　　本章简要介绍这种"持续学习的能力"。

第 1 节

在自我轴与他人轴之间往复成长

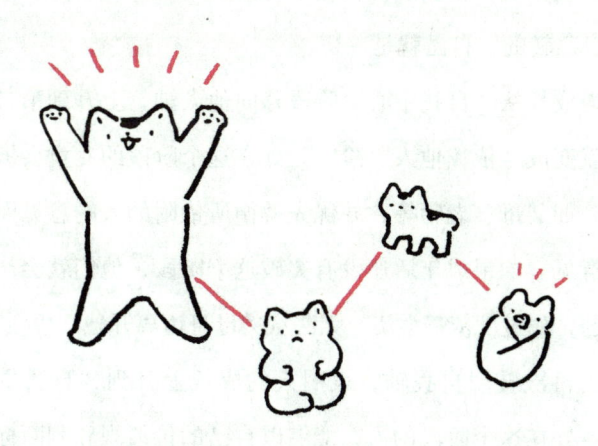

自我培育：提升职场能力和认知的有效方法

哈佛大学罗伯特·凯根（Robert Kegan）教授将成长分为自我轴和他人轴模型，他是心理学分支——成人发展理论的主要研究者。

凯根教授认为，人的一生都在不断成长。根据他的理论模型，人的成长总在自我轴与他人轴之间呈之字形往复并逐级上升，具体请见第136页的绘图。

该理论模型将人的成长从自我轴开始表示，这个阶段被称为"自我中心"阶段。处在这个阶段的儿童，都认为世界是围绕着自己转的，自己就是一切。

当成长从"自我中心"阶段移向他人轴，上升到第二阶段时，就变成"依赖他人"阶段。处在这个阶段的儿童会依附于他人，如父母、老师等，并优先遵循所依附的人的意见而非自己的意见。如果成年后还没有突破这个阶段，他们就会产生一些问题，如过度依赖学历、无法从父母身边离开独立生活等。

当再次转回自我轴，表明人的成长上升到"自我主导"阶段。处在这个阶段的人，能够以自己的价值观和判断标准行

第五章 自我培育的土壤：培育持续学习的能力

事。大多数优秀的管理者和经营者都达到了这个水平，但这个阶段仍有其局限性。

世上的许多事情仅仅靠坚持自己的价值观是无能为力的。面对这样的现实，需要改变自我。在该理论模型中，就是再次移到他人轴，上升到"改变自我"阶段。

在这一阶段，个人将不再按照自己的意愿去改变他人，而是按照他人的意愿灵活地改变自己。他不再拘泥于自己的理想和成功经历，而是灵活地接纳新事物。这是智力成长的最高水平阶段。在这之上可能还有其他阶段，但一般认为"改变自我"阶段就是最高水平阶段。（要掌握人类成长的所有因素或定义成长本身是非常困难的。成人发展理论只是诸多成长理论之一。）

在自我轴与他人轴之间往复成长

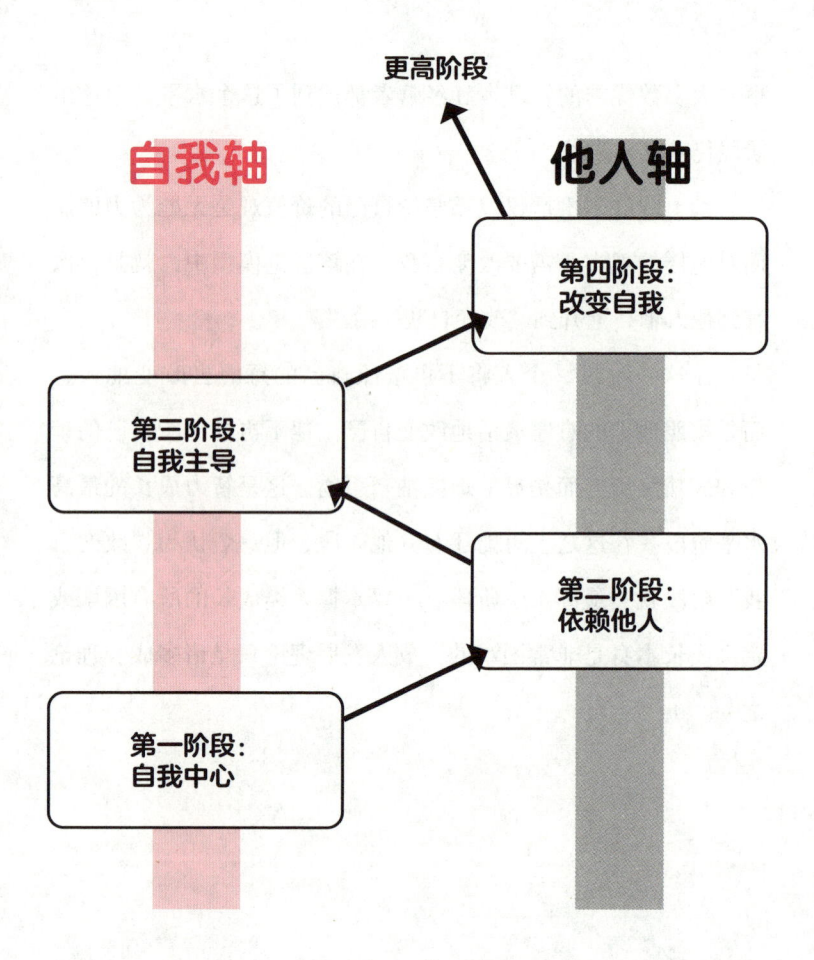

自我轴 | **他人轴**

更高阶段

第四阶段：
改变自我

第三阶段：
自我主导

第二阶段：
依赖他人

第一阶段：
自我中心

参照罗伯特·凯根的发展心理学理论绘制

第 2 节

学会"放弃学习"

自我培育：提升职场能力和认知的有效方法

达到"改变自我"阶段的人有一个共同点：**他们身上一直有宛若重生般的新鲜感。他们能够主动放弃固有的价值观，构建新的价值观。**他们是享受新鲜感的人，学习对他们而言不是在内心积累，更像是不断地对内容进行替换。这种心态被称为**"忘却学习"**（unlearning），在人力资源教育领域受到了一定程度的关注。

如今是一个快速变化的时代，技术每天都在发展，今天的常识在明天可能就已经过时，与其固守已经学会的东西不放，不如干脆舍弃旧知识，直接吸收新知识，如此往复。例如，在决定学习编程的同时，也可以退一步考虑除了编程之外还可以学些其他知识或技能。这种从更高角度俯瞰的能力，就与忘却学习能力相关。通过俯瞰来审视自己，可以获得"未知的知识"，也能收获全新的观点。

您不再是过去的自己的延伸，而是变成自己以前从未设想过的人。当您想前行时，按下自己的重置按钮，就可以一次又一次地体验忘却学习的感觉。

第五章　自我培育的土壤：培育持续学习的能力

收获新事物是非常快乐的。创造一个全新的自己是非常有趣的。养成这样的心态，可以加速您的自我培育进程。

第六章

从束缚中解放：
养成自我培育意识的
8个要点

嗯，好。

再多讲讲！

如何活用自我培育能力？

自我培育课程至此接近尾声，本章是自我培育的应用及实践篇。请思考：如何在日常生活中提高自己的自我培育意识？

俗话说"石上三年[①]"。那么现在它还行得通吗？5年后的职业规划，谁能预想得到呢？面对我们当下的挑战，我将围绕处事及思考方式提出8个要点。这些要点提炼自我在《福布斯》日本网站上发表的热门文章《自我培育指南》。

得知他人也有类似的困扰，您也许会稍微感到宽心一点吧。本章是自我培育的汇编总结，敬请品读。

---

① 石上三年：日本谚语，意为功到自然成。——译者注

第 1 节

告别"石上三年"的桎梏

自我培育：提升职场能力和认知的有效方法

"石上三年"

"石上三年。"这是自古以来人们就耳熟能详的一句谚语，在崇尚隐忍与坚持美学的日本，几乎适用于各种场合。提到这句谚语，我们的脑海中浮现出的第一个场景，大概就是将它作为赠言送给刚刚步入职场的年轻人吧。

"再凉的石头坐上三年也会变热。同样，如果觉得工作不适合你，请先坚持三年再说吧。"

您可能听过前辈给出这样的建议。实际上，这个观念让我很不舒服。

万事只有经过实际尝试才能了解。如果接受了一份工作总觉得不适合自己，或者感觉自己无论怎么努力也无法投身其中，难道还必须忍受三年吗？如果您能找到放弃这份工作的理由，我认为不必强迫自己留下来，还是尽快放弃这份工作、重新开始比较好。

人生只有一次。优先在自己认可的道路上持续挑战自我，会让自己更易于获得幸福。

第六章　从束缚中解放：养成自我培育意识的8个要点

如果您找不到放弃一份工作的理由，认为说不定经过努力自己会有不同的感受，那么您不妨稍微坚持一下。不过，我认为忍受所谓的三年之期实在是没有必要。

我找不到必须忍受这个三年之期的任何依据。如果换个说法，将"三年之期"改为"三次"，我倒是能够接受。也就是说，我认为**持续试错三次是可行的**。

第一次接手工作，做不好很正常。一旦做不好，就吸取第一次的教训，进行第二次试错，这样就能做足功课、做好充分的准备。然后根据第二次试错的结果进行第三次试错。

经过这三次试错，您的心中应该已经对自己是否适合这份工作及是否喜欢这份工作有了底。而经历了三次相同的工作后，您的技能也会得到发展。所以，把这个谚语改成"石上三次"，我是完全赞成的。

那么，为什么我们很容易接受"三年"这种说法？理由可能非常简单，因为这样语感比较好，或者可能是因为初中及高中学习时间是三年，所以人们就认为学习时间需要三年。而进

自我培育：提升职场能力和认知的有效方法

一步考证，就会发现这句谚语中的"三年"很可能源自"三次试错"。

第二次世界大战后的经济快速增长，主要是由制造业支撑的。在制造业中，生产计划往往是以"年"为单位来制订的。也就是说，许多公司的整套工作流程都是以"年"为单位的。而日本一年四季轮回的气候条件，也促成了以"年"为单位来处理事务的文化基础。

那么，如今的世界制造业又如何呢？

实现全球化的公司已经向基于科技的服务行业倾斜转变，生产（或服务）更新的单位时间已经减为半年或几个月，一些注重速度的初创企业的更新时间甚至缩短到了几周。我们应该意识到，在越来越多的工作中，三次试错的时间已经缩短到一年以内了。

这意味着，只要充分体验过"石上三次"后得出结论，就没有必要为在三年内离开一家公司而感到内疚或产生挫败感。您大可以大胆宣称，您的离职是经深思熟虑后做出的。不过，

第六章　从束缚中解放：养成自我培育意识的8个要点

为了切实拥有三次试错的经验，还请务必进行应尽的挑战。

试错所需的时间因人而异，有些时候三年试错三次说不定还不够，还需要5年的时间。有一些工作的期限特别长，比如有些船，一般需要建造10年才能完工。在这种情况下，试错三次就需要足足30年。因此，因工作的性质和个人的情况不同，要花的时间可能很短，也可能很长。总而言之，我认为没有必要拘泥于"三年"。

未来是复合职业、副业的时代。

如果经过三次试错，您觉得一份工作可以将就，说不定还能带来其他更好的机会，那么您不妨将其当作自己的第二职业（兼职）或以志愿者身份来工作，以此来丰富自己的履历。

过去的观点认为简历越简单越好，即换工作的经历越少越好。这种观点在未来可能会发生180度的变化，变为"工作经历越丰富越好"。社会对职业的看法正在发生巨大的变化，生活在这个时代的我们不应束缚住手脚，而应该大胆自由地展望未来。

第 2 节

写给没有远大目标的 "万花筒式" 的您

第六章　从束缚中解放：养成自我培育意识的8个要点

"您对5年后的自己有什么规划？"当上司在面谈时提出这个问题时，能够立即回答的人有多少呢？如果问我这个问题，说实话，我也答不上来。

当下能毫不迷惘地回答这个问题的人可能少之又少。如今的世界日新月异，具体思考未来中长期职业规划已经失去了意义，想必大家或多或少都有这种想法。

在可以规划未来5年或10年发展的过去，因为规划具有可行性，所以人们往往接受认准"天空中一颗闪耀的星"（认准一个目标）并为之拼搏的"望远镜式"职业规划。

而现代职业发展是"万花筒式"的，**与其追逐远方的"星星"，不如把眼前所见作为事业的起点进行横向拓展。**万花筒中的景象因视角不同而变化，相邻的图案结合起来会衍生新的图案。所以，偶然的相遇创造出意想不到的机会、志愿者活动和兼职，以及与主业协同联动等，都与万花筒非常相似。

职业发展理论界一直提倡计划权变理论[Planned Contingency Theory，由斯坦福大学的克朗伯兹（Krumboltz）教授等人提出]，

自我培育：提升职场能力和认知的有效方法

并再次进入人们的视野。该理论指出，偶然事件在很大程度上决定了个人的职业发展方向，而制订引发这些偶然事件的计划非常重要。

对此，我们不妨这样想：时代在变化，所以对未来的发展目标不清晰也未尝不可。相对目标来说，更应当脚踏实地做好眼前的事。

您可能为此一直感到不安，这也很自然。因为我们从小接受的教育都是"人应当有梦想"，而且梦想越远大越好。

顺便说下我个人的经历。与身边的孩子相比，我是个比较孤僻的人，并且对大人的期望总是充满抵触。初中时，有一节课老师让大家写"未来的梦想"，我感到很不自在，乃至与班主任甚至校长发生了争执："眼下我满脑子都是橄榄球选拔赛的事情（我当时在玩橄榄球），没法考虑更远的未来。我非常想在比赛中获胜，至于梦想什么的以后再说吧。如果现在非要我写下一个梦想，那就是希望将来能过上普通的日子。我也就能想到这个了。"

第六章 从束缚中解放：养成自我培育意识的8个要点

　　我真是率真到让自己都忍俊不禁。当时我心里明白，如果胡扯些"我想成为一名医生，帮助非洲的儿童"这种远大的梦想，可能就会得到表扬。然而，我更明白，作为一个中学生，编造虚假的梦想去配合老师并不好。

　　如果真的想让一个思想不成熟的孩子谈论自己的梦想，就需要给他们时间，让他们能够面对自己的内心。同时，身边的人也必须向他们提供一定的支持。然而，当这个问题只是在一节课上作为一个环节被突然抛出时，我认为当时的环境和成年人的支持都并不到位。

　　当然，有些人从孩提时代起就能明确地梦想在意甲联赛中身穿10号球衣踢球，并且真的能将其实现（如足球运动员本田圭佑）。这种情况非常完美，令人向往，然而也罕见，现实的情况是人们多半不能如愿。

　　谈论宏大梦想的事情交给那些成功人士就够了。在我看来，世上大多数人都是在人生之路上走一步看一步，随波逐流地活到了今天。这又何尝不可呢？为此，**不论长幼尊卑，是时**

自我培育：提升职场能力和认知的有效方法

候把所有的人从逐梦的重压下解放出来了。这样一来，人们就可以在日常生活中自然而然地、自发地找到自己想做的事情。我想，越是试图强迫自己构筑梦想，就越是在创造虚假的自我。

话虽如此，但我并不是在让您放弃思考。您不必再努力去逐梦，而是应当仔细观察本来的自我，重新认识自己。这就是我在本书中反复提到的自我培育实践。

您今天做了什么？有什么感受？我认为，只有不断地回顾过去、建立自己未来的形象，才能迈出通向未来的第一步。

第 3 节

"厚积薄发"的真正意义

自我培育：提升职场能力和认知的有效方法

在考察其他国家的人力资源开发理论及实践的同时，我注意到日本有一种特有文化。例如，日本企业多数采取毕业生统一招聘制度。企业通常一次性录用大量没有工作经验的新员工，筛选标准不是基于专业，而是基于他们的潜力。新员工将在几年的时间里轮岗积累经验，浸染企业文化。这是日本企业经长期实践形成的、也是日本企业独有的"年轻人培养法"。

然而，日本经济团体联合会目前开始呼吁停止执行这种招聘制度。今后各企业在聘用新人时可能会开展个性化招聘，按需招人。

另外，日本人还讲究"厚积薄发"，鼓励年轻人从事实际操作的基础性工作，积累基本技能。"厚积薄发"文化虽然为人称道，但您是否也曾经厌烦前辈或上司这样讲："我年轻的时候就干过脏活、累活（所以，你也这样干就是了）。"

当然，我是认可"厚积薄发"这一观念的。但我必须补充一点："厚积薄发"并没有固定的时段。我对"厚积薄发"的

第六章　从束缚中解放：养成自我培育意识的8个要点

定义是：打好基础，在不为人知的地方努力。

在各行各业都追求效率的时代，能够瞬间发挥能力者更受青睐。而打好基础是充分发挥能力的必要条件。以体育运动为例，爆发力、耐力和适应力就源自日积月累的日常训练。换句话说，任何人都需要掌握工作基本技能，显然这并不局限于年轻人。

"厚积薄发"不分时段，需要每天积累。**无论您是新手、十年健将，还是三十年老将，您都应当每天进行基础训练，保持这种习惯的人才能够持续取得成果。**在体育界，能够在比赛中表现出惊人成绩的顶级运动员，无一例外地每天都坚持进行基础训练。

同样，富有领导力的领导从新人时期开始就一直保持着每天早上抽出时间收集必要信息的习惯。

匠人领域一向最提倡"厚积薄发"。然而，越来越多的老牌日本餐厅和寿司店的经营者已经开始反思培育人才的方法。据说，在惠比寿某家著名酒店的甜品店，年轻的糕点师上午制

自我培育：提升职场能力和认知的有效方法

作糕点，下午学习技能，通过将实际操作与学习分开的方式，加速年轻糕点师的成长。

对企业员工来说，在一天的日程安排中，通过均衡地组合实际操作和训练，能够让他们在职业生涯中加速成长。

我要强调的是，**"厚积薄发"是伴随一生的课题，其间必定经历辛苦，所以不要用"积累若干年就能开花结果"来美化它。**

如果您的前辈或上司向您吹嘘他们的隐忍经历，让您感到了压力或不适，对此，您应该如何处理呢？我认为，我们能改变自己，但不能改变他人，所以唯一的做法是改变自己的听者心态，不要因自己的厌烦而做出让他们难堪的举动，要学会寻找自己的成长机会。不妨借此机会客观地审视自己因不想听他人喋喋不休而产生的厌烦感，反思自己有没有让后辈或他人有过同样的感受。

此外，当前辈谈论他们所经历的艰难困苦时，您不妨提问："您当时最大的收获是什么？""如果回到当初，您会怎

第六章　从束缚中解放：养成自我培育意识的8个要点

么做？"这样双方都会有所感悟和收获。

我们聚焦自我培育。请您思考：**为了让自己不成为喜欢倾诉"自己历经辛苦"的人，现在应该怎么做？**

许多人喜欢给别人讲故事，因为他们过去历经艰辛，现在很轻松。如果您能将实际操作与学习均衡地结合起来继续成长，"厚积薄发"就不再是建立在过去的苦难上，而是建立在持续的日常生活上。

在人类的长寿时代，我们更应当养成终身学习的习惯，同时养成持续成长、适度成长、渴望成长的心态。

第4节

为目标而焦虑时的3个建议

第六章　从束缚中解放：养成自我培育意识的8个要点

制定目标时，最常见的建议是"着眼当下""只要做好眼前的事，自然就会得到指引"。

此话虽不假，但这只是成功人士回顾过去得出的结论，并不能从根本上排除那些无法制定目标的人的焦虑。

对于因无法制定目标而焦虑的人，我有3个建议。

第一，专注于研究自己的过去。

规划尚未经历过的未来，对每个人来说都是压力和挑战。比如说，当有人告诉您"今晚去吃特别好吃的，挑一个您最想吃的东西吧，过了这个村就没这个店了"时，您就会很苦恼。在无限多吃过的或没吃过的东西中选择自己最想吃的东西，显然颇有压力，更何况只有一次机会。您很可能会考虑过头，反而选择了不想吃的东西。

对此，我换个问法："在过去的一周里，您吃过的最好吃的东西是什么？"这就很容易回答，因为您所要做的变为从自己已经吃过的有限数量的东西中选择。显然，人们更倾向于比较他们经历过的事情。相反，思考未经历过的事情就会让人感到疲惫。

同样，在职业规划中，与其询问"您将来想做什么"，不如换作询问"您在职业生涯中做过的最有趣、还想再做一次的事情是什么"，后者显然更好回答。

研究从自己的过去得出的结论，也能帮助您找到激励自己的元素。

第二，改变主体。

"我今后想做……"不要像这样把自己当作主体，而要把时代或环境作为主体："未来我会变成……"

未来会产生什么新的商业模式？有什么新的服务模式？当思考对象变为环境，自由想象时您就不会很吃力。您可能会在畅想的场景中找到兴趣点，或者进一步反思："如果世界将变成这样，我应当处于什么位置？"

不是每个人都应成为划时代的英雄，我认为选择顺应时代的工作方式也是完美的人生。

第六章 从束缚中解放：养成自我培育意识的8个要点

第三，不必把自己限制在单一的目标上。

正如前文所说，对未来做出决定是相当困难的（我根本做不到，或者说我根本没敢尝试过）。因此，在规划未来时，如果您能够不执着于某一个目标，就会轻松很多。

我给年轻人和领导者提供职业规划建议时，会要求他们尽可能多地列举出他们在未来五年内想做的任何事。不加限制地放飞您的想象力，也许能发掘出意想不到的组合，值得一试。

第 5 节

在大企业获得晋升的路径

第六章　从束缚中解放：养成自我培育意识的8个要点

最近有一个问题令我陷入沉思："出人头地的路径是什么？"这个问题确实概括了当今社会变化的本质。

出人头地的路径，就是通往未来获得职业晋升的道路。过去，大多数企业都有明确的晋升路径，就像爬山一样，从山脚开始有多条攀登路线，包括销售部、开发部、人力资源部等，最终通往名为总经理的山顶。

当您作为一名新员工加入公司时，您的攀登起点是由职务决定的。过去最标准的晋升路径就是稳步取得成绩，然后被提拔为组长、科长、部门经理等。如果先人一步获得晋升，就能以最快的速度爬到山顶。而指引前进的路标，就是在同一路径上先行一步的上司。如果上司往右走，您就跟着他往右走；如果上司往左走，您就跟着他往左走。如果您信任上司并跟上他的步伐，他可能会称赞您，并且拉您一把予以提携。如果上司的路径正确，您就可以领先于其他攀登者，更快到达山顶。但是，如果上司走错了方向，选择了错误的路径，您就有误入歧途的风险。如果前途出现歧路，您会纠结应该跟着哪位上司，

自我培育：提升职场能力和认知的有效方法

而这一选择就有可能决定您在公司的发展前景。

换句话说，传统观念中的出人头地指追随着别人的脚步来获得晋升，本质上是选人。其第一步是在背后观察上司们的成功和失败，看谁更有前途。如果您信任且追随着的上司得到晋升，您就是幸运的，前途也随之得到了保障。

然而现在，作为这种职业晋升基本前提的企业组织形态正在发生重大转变。金字塔型的组织结构正在崩溃，而信息和想法可以自由流动，更有利于创新的扁平化组织结构开始备受青睐。这意味着，我们为达到顶峰而攀登的"山"本身即将消失。这是一个重大的转变。

从整个行业来看，市场日渐多元化，技术日新月异，竞争对手也在不断变化。在这个时代，过去的成功模式并不能套用，正确答案无处寻觅，以往追随上司就能获得晋升的优势也在迅速减少。在这样一个过渡时期，出人头地的路径又是什么呢？我认为，应改变以往追随他人来登顶的思路，而选择"发展型职业"。

第六章 从束缚中解放：养成自我培育意识的8个要点

没有固定的路径，也没有向导帮助，您可以享受沿途的风景，看到一朵美丽的花就驻足思考能否开垦出一方花田。或者，您也可以特意绕道而行，去发现从未有人涉足的山洞。

通过思考，发现过去没有人发现的新价值，无异于发展出了一个新领域，创造出了一个新职业。这就是"发展型职业"，归于"自我培育型职业"。

发展型职业的魅力在于"没有正确答案"。

过去，选择的追随者犯了错误时，自己的晋升之路便随之夭折且很难有改变的机会。与这种"登山型职业"相比，选择"发展型职业"，就可以让自己在任何时候都轻松地重新开始，所以风险要小得多。即使是曾经被认为偏僻的地方，如果您能找到它特有的价值，也就能成为一片沃土。

在充满变化的时代，今天备受重视的想法在明天就有可能被抛弃。在这样的环境中，重要的是能够重视眼前的拥有、认可当下的意义。积极把握机会，并随时保持灵活的行动力，就能帮助您开拓无人涉足之地。

第6节

舒适感是转折的预兆

第六章　从束缚中解放：养成自我培育意识的8个要点

"我对目前的工作很满意，完全没有感到有任何压力。"如果您有这种感觉，可能就是离开的时候了。这是我特意提醒您的。

当自己的工作和表现得到周围人的赞扬时，谁都希望尽可能地留在这个舒适区，这是人之常情。

在人们总是赞扬您、愿意听您说话的环境中，您会觉得自己被他人接纳，是在某种程度上的不断成长。

稍做交流便可办妥事情，挫折也少之又少，这样的工作往往令人不想脱身。但在内心深处，您可能也意识到，为更好地满足赞扬您的人的期望而每天练习技能，并不利于自己的成长。

如果您想真正成长，我建议您走出舒适区，敢于在自己不适应的领域挑战自我。

事实上，活跃在商界和体育界的许多"大佬"都选择了"跨界型职业"。

未来的职场将越来越国际化、多元化，只进行简单的沟通

自我培育：提升职场能力和认知的有效方法

就能办成事的工作将迅速消失。在这个时代，适应能力格外重要，**这是一种能够把您已经拥有的知识和技能转化为满足他人需求的素质。**

很多人在更换工作后会因自己曾经积累的经验无法发挥而苦恼，但事实上并非如此。只要想办法让自己的知识和技能适应交往一方的需要，情况就可以得到改善，请务必加以尝试。

培养适应能力的高效方法之一就是跨界体验，也就是跳槽到不同的领域接受挑战。跨界不一定是辞职换工作，岗位调动也可能是跨界。关键是，您要擅长与以前从未见过面的人打交道。

相信自己能够随时融入新环境。当您有了这种自信，遇到任何事时都能泰然自若。

第 7 节

不必事事追求成功

自我培育：提升职场能力和认知的有效方法

前文我已提及，未来在多个领域经受历练的"跨界型职业"将更受欢迎。

出于兴趣使然，人们敢于主动应对挑战的时代即将来临。虽然挑战与年龄无关，但我仍侧重于对年轻人强调这一点。并且，您进入不同的领域接受挑战时，要知道并不是所有人都支持您。

"坚持做好一件事，这样不是更好吗？"

"您可真是耐不住性子。"

"到头来，您到底想做什么？"

即使没有人当面对您这样说，您也可能听到有人在背后说您的坏话。不得不说，挑战往往伴随着批评的声音。但不要屈服于这些声音。请继续前行。我希望您能把所有批评的声音都变为对自己选择"跨界型职业"的赞歌。

一些人对试图改变现状之人提出批评，大多是出于嫉妒。他们羡慕那些敢于挑战他们自己不能挑战之事的人。如果不去批评，他们就无法认可自己。如果您能明白刻薄的话语源自嫉

第六章 从束缚中解放：养成自我培育意识的8个要点

妒和对自我肯定的渴望，就能把这些话当作耳旁风。

所以，您应当为自己向全新领域迈出了他人无法理解的一步、勇敢接受挑战而感到自豪。

如果他人追问"您想做什么"，而您并不知道，那么不妨如实回答："我确实不知道自己究竟想做什么。"

这并不只是针对他人的疑问而做出的坦诚回答。我认为，像这种自己也搞不清楚什么职业适合自己的人，在未来更有价值。因此，坦诚回答"我确实不知道自己究竟想做什么"并不存在什么问题。

从智囊团专家到大学橄榄球队顾问，再到培训教练和开发企业培训项目老师，我自己就是那种喜欢涉足未知领域的人。如果有人略带鄙夷地问我"究竟想干些什么"，我就会把这个疑问当作最高的赞美。

另一方面，阻碍您涉足新领域的不只是别人的质疑声，其实最大的障碍是您自身的犹豫不决。比如您可能担心：自己做到最后一切都半途而废，怎么办？挑战了却没有成功，怎么办？希

自我培育：提升职场能力和认知的有效方法

望自己成功带来的无形压力往往会让您不敢涉足新领域。

对此，我们不妨思考一下成功与成长的不同之处。

每个人都曾遇到全力应对挑战，但碍于难度过高、运气不好或能力不足，以致无法成功的情况。从出现这种情况的概率来看，有过这种经历的人肯定很多。尽管如此，对个人而言，这种经历也是让您比从前更敢于挑战新事物的重要经历，是值得赞扬的大成长。

请回顾一下我在本书中告诉您的，应当专注于小的进步，而不是大的成就。**请寻求成长，而非追求成功。成长也可以由一系列小进步组成。**只要这样想，您的压力就会大幅度减轻。小的进步正是成长的动力。

请摒弃做事势必追求成功的执念，以轻松的心态向前迈进。也许您现在还无法解释当初为什么走上那条道路，但当您在10年或20年后回首往事时，您的经历和故事一定已经完美地做出解释了。我相信，您无须畏惧，可以大胆地选择自己目前并不理解的职业，因为未来值得期待。

第 8 节

放弃对自己的过度期望

嗯，好。

再多讲讲！

自我培育：提升职场能力和认知的有效方法

前文我已提及，宁可绕道也不要在意他人说什么，更不要急于求成，而要寻求成长。同样，我还提及，他人问您"想做什么"并提出批评，正是证明您在未知的领域挑战自己。其中蕴含各种可能性，值得期待。

当我向他人讲述这些时，他们通常都叹息不已："您可真厉害。怎样才能练就出这种不受他人影响、不怕挫折的本领？"我的回答是："并非如此，恰恰相反。"我对自己完全没有期望。我从来没有认为自己是一个能够取得任何成就的人。

我从小就非常自卑。在小学低年级，我阅读课本比同学们吃力得多（直到20多岁时我才发现这是阅读障碍）。到了高中，在打橄榄球时，我作为球员有一个很大的缺点：跑得太慢。我在当球队监督时，还被赋予"全日本最没气场的监督"之名。我通过发扬其他优势、借用他人帮助等方式，转变思路，成功克服了这些缺点。但由于这一系列的经历，我始终认为自己是一个一事无成的无能者。

第六章 从束缚中解放：养成自我培育意识的8个要点

我在人生中接受的是基于极端消极的自我评价，所以当受到哪怕是一个小小的赞美时我都会非常高兴。不过，接受这些赞美后我的心态会变得颇为冷淡，因为我认为能偶然得到这些赞美纯属侥幸，只要他人改变想法，对我的评价就有可能下降。换句话说，我是一个从不期望得到他人认可或赞扬的人。我甚至不会为了获得他人的认可而替自己辩解，尽管在有些场合是需要这样做的，但我不会因为没有得到认可而感到沮丧。我只是坦然地接受现实，然后思考下一步该怎么做而已。

如果您想变得强大，那么不需要为了击败对手而武装自己，而是可以尝试相反的方式：无视一切，处于无防备状态。不妨试试这种策略。

当您放下对自己的过度期望，您就能积极地接受一切。即使从别人那里得到的反馈是负面的，您也可以将其当作对自己的行动的提示。

如何与有敌意的人接触呢？如果您能达到享受绞尽脑汁思考接触时可能出现的各种情形的境界，就没有什么可担心

自我培育：提升职场能力和认知的有效方法

的了。

我还建议您把他人的批评看作了解您自身的教材，可以试着这样分析他人眼中的自己：

"我在什么地方让他生气了？"

"他批评的是这件事还是以前的某件事？"

这会带来新的启发，使您学到新的东西。

克服批评的方法不是与之对抗。最好的方法是充分了解自己、发展自己，要把目光看向自己的内心。不论何时，您最需要面对的人都是自己。

结 语
被人嘲笑，一笑而过，然后成长

谢谢您读到最后。也许有些读者是先从这个结语开始读的。但无论怎样，感谢您的阅读。

这次，我特意扮演骆驼角色来谈论自我培育的概念。大家说我看起来像头骆驼，想来已经有30年了。不仅在日本，当我在英国学习时，也有人嘲笑我是骆驼，简直是国际化标准。

"被嘲笑令人更坚强。"这是我喜欢的一句话。这本是太宰治的名言，我将其做了修改，以作为我的座右铭："被人嘲笑，一笑而过，然后成长。"没错，我把这句话当作座右铭。

自我培育：提升职场能力和认知的有效方法

我不是一个爱炫耀的人，也没有什么远大的理想，时常因犯错而被人嘲笑，但我不会咬紧牙关默默吞下悔恨的泪水而努力，而是喜欢嘲笑自己所犯的错误并一笑而过。嘲笑自己一分，自己便多笑一分，我认为这正是人生的深奥妙趣。因为"笑"是人之所以为人的标志，是活着的标志。由于我的骆驼性格，我不会经常笑出声，但我今后仍愿意继续微笑着度过我的悠闲时光。

当然，本书中的骆驼只是一个比喻，但这是了解自己和周围环境的一个非常有效的方法。它也可以被称为隐喻。最开始我选择以骆驼来比喻自己，是因为我们外表相似，但当我研究骆驼的本质时，又发现了很多东西。

骆驼具有特别的体质，能够长期承受沙漠环境，通过控制体内的水分和体温，它们可以在不吃不喝的情况下生存一个星期。它们的脚掌很大，蹄子很小，因此能够携带超过100千克的重物而不至于陷入沙中。通常情况下，它们会以5千米/小时的速度蹒跚前行，但在必要时也能以40~60千米/小时的速度狂

结语　被人嘲笑，一笑而过，然后成长

奔。最重要的是，自古代文明以来，骆驼就如同国王身边的幕后功臣一般，一直充当着支援者的角色。我越研究骆驼，就越对骆驼产生感情，甚至对骆驼产生崇拜。希望您也能找到适合自己的隐喻。

轻松上路！

自我培育：提升职场能力和认知的有效方法

我与很多个人和组织打过交道，从中体会到支持他人的喜悦。通过这种支持，我再次发现，大家的基本问题是相同的：大家的苦痛挣扎，都源于不自信、与他人较劲。

所以，"骆驼"向您提问：

"要不要鼓起勇气倾听自己的心声（'我也好，别人也好，都是与众不同的存在。'）？"

"要不要再鼓起勇气，用温柔的话语鼓励心中的自己？"

这样一来，您的心中就会燃起小小的火花。机会难得，请与身边的人分享您的温热，就像静静地用一根蜡烛点燃另一根蜡烛一样。请不要独占自我培育的收获，而是一点一点地将其传播开来。

希望微笑逐渐传遍世界。这就是"骆驼"的微小愿望。